清野裕司のマーケティング考

風を聴く

Listen to the wind

清野 裕司 著

Yuji Seino

泉文堂

●はじめに

今、経営に新たな思考力が求められています。過去のやり方を頑強に守ろうとする姿勢ではなく、変化する現実を直視して、その変化に適応する柔軟な経営の仕組みをつくろうとする動きです。

’９０年代初頭のバブル経済崩壊から既に多くの時が流れました。企業の動きに影響を及ぼす要因は実に多面的です。人口減少社会への注目や人口構成変化への心配り、グローバルな視野での発想の必要性。一時盛んに取り上げられたＩＴも、単なる専門技術を越えて、生活の日常的な行動にさまざまなカタチで取り込まれるようになってきています。その時々に起きている変化が、いつの間にか社会の当たり前の風景になる時代です。

「変化適応型の経営」。それは「市場（Market）＝交換の場」の「現在進行形（ing）＝変化」に、交換の主体者として積極的に関わっていこうとする、“*Marketing*”をベースにした経営の実践が求められているともいえます。

個人的には半世紀前にマーケティング理論に出逢い、自らのビジネス思考の原点として、マーケティングの考え方を持ち続けてきました。ビジネスとしてマーケティングを展開する者にとって、「マーケティングは何故必要なのか?」「マーケティングすると何が変わるのか?」というのは、よく受ける質問の一つです。共にある面ではマーケティングのもつ真理を捉えていると思います。

前者は、マーケティングを経営手法・方法論としてみるときの疑問であり、後者は経営哲学・思想の面でマーケティングを捉える際に沸き起こるものでしょう。方法論として解釈する場合もあれば、「われわれはこうありたい」といった経営の根本思想として見られることもあるのです。

また、「マーケティングは変わった」との声も聞こえてきます。でも、そうでしょうか?

1955年に日本の経済界に紹介されたマーケティングは、決してその根本思想を変えることなく議論されてきたと思います。問題にすべきは、企業が真剣にマーケティングをしてきたのか?ということです。つまりその根本思想である「顧客主義」を経営の血液として、思想と仕組みをつくり続けてきたのかという自問自答をすべきだと思います。一度設計した経営のあり方も、時の流れと共に変革を余儀なくされることがあるのです。

そもそも市場には息遣いがあります。財や情報を提供し、受け容れて貰おうとする送り手の熱い息吹。一方で、多様なモノを取捨選択して自分らしいものを取り込もうとする受け手の熱い想いがあります。その両者の出会う「場」こそが「市場」なのです。そこには、両者がぶつかり合って空気が揺らぎ、風が吹いていると見ることが出来ます。まさに、時代の息吹です。

今、市場にはどのような風が吹いているのでしょうか。風の音に耳を澄ませていると、次代に向けた風の通り道から、マーケティング思考で未来への道標が浮かんでくるかもしれません。それはまた、自分の心に吹く風の音を聴くことにも繋がるのではないかと考え、私自身の思考の原点でもあるマーケティングをベースにして、今の時代の動きに耳を澄ませて、そこに響き渡る動きを整理したのが本書です。

市場の動きを聴くのは「耳」だけではありません。古来より、人が何かを感じて判断するのは「六根」、人間の感覚を司る「耳（じ）、眼（げん）、鼻（び）、舌（ぜつ）、身（しん）、意（い）」の六つを使うと言われています。そして、それぞれに「好（快）、悪（不快）、平（どちらでもない）」の三種があり、これが、また「浄（きれい）、染（きたない）」の二種に分かれ、さらに、「過去、現在、未来」の三つの時間が関わって、計１０８。

これが、百八の煩悩です。除夜の鐘を１０８回つくのも、その年の煩悩を洗い落とすことにも繋がりますし、お参りの折に「六根清浄」と唱えるのも、自らの原点に返ることを言っているのではないでしょうか。

時代の動きが、次代を描く素にもなります。そのきっかけを次の６つの領域に分けました。

「源流のせせらぎ」を聴く‥ ・・・18話
マーケティングの基本的な考え方を改めて辿ってみました。

「企業経営の揺らぎ」を聴く‥ ・・・15話
企業経営の動きから、ビジネス現場の変化を感じました。

「人と触れ合う風」を聴く‥ ・・・22話
人との出逢いや触れ合いに感じる動きを見直しました。

「街や店に漂う風」を聴く‥ ・・・14話
動きや変化の激しい街や店の雑踏に身を置きました。

「時が刻む音」を聴く‥ ・・・16話
止まることのない時の流れに感じた変化を整理しました。

「心に吹き抜ける風」を聴く・・・　23話

そして、自分自身の心の変化を表わしました。

私の思考の原点であるマーケティングをベースにして、計１０８つの話。それは日常の中で、自分自身が不思議と思ったり、疑問に感じたことに対して、自分なりの考えを整理したものです。

合わせて、マーケティング思考の源流になると思う視点を18種類取り纏めて示しました。自分の六根の「過去、現在、未来」で計18でしょうか。個人的な考えなので、あくまでも私見です。私見をまとめた「私考ノート」と表記しています。

加えて、次代を拓き行くビジネスパーソンと共に未来を描く場「寺子屋」で、機に応じて発信している私の独白を、語録にまとめたものを付加しました。

それぞれ、マーケティングを学び実践する方々が、その思考を見直したり、改めて考えるヒントになればと思っております。マーケティングは決して行動結果に対する正解を教えている学問ではありません。考える道筋を教えているものです。答えは、実行して初めてわかるもの。未来への道は、まさに未知です。だからこそ、今の時点に軸足を置いた、多様な思考が求められるのです。

本書の論考は、議論をする素材の投げかけという認識を持っています。多くの方々との、未来に向けた思考の議論をしたいと思っています。そして、「考えること」の楽しさを共有したいと願っています。

清野裕司

２０１６年９月

※　本書は、2014年よりWeb「ザ・九州特区」http://zipangu-jp.xsrv.jp/tokku/に連載したブログを基にして、加筆編集したものです。

目　次

はじめに

「源流のせせらぎ」を聴く　18話

「企業経営の揺らぎ」を聴く　15話

「人と触れ合う風」を聴く　22話

「時が刻む音」を聴く　16話

「心に吹き抜ける風」を聴く　23話

18の私考ノート

独白語録 6言

清野裕司のマーケティング考

風を聴く

マーケティングを語り継ぐには、自分が実行してきたこと、悩みを抜け出したことを、ただ個人的な体験として語るのではなく、あくまでもマーケティング理論をベースにして、自己体験も含めて語るスタイルが求められます。自己体験を一般化するためには、他に起きている現象との組み合わせから判断していくことが必要です。それだけ、幅広く社会の風の吹くさまを自分自身で感じて聴いておく必要があるのです。何故、このような商品が多くの人に受け容れられるのか。何故、自分が好むものが終売してしまうのか。個人的な見解だけでは読み解くことのできない、別の価値観がそこには存在するはずです。「なぜ」を繰り返していると、ある時点で「こうかもしれない」という仮説が浮かんでくるもの。その仮説に沿って今一度自分なりの解釈で読み解いていくと、今までとは違った解を見い出せる時があります。

描くは「未来」。守るは「夢」。動くは「今」。

「源流のせせらぎ」を聴く 18話

マーケティングの原点は、「相手が喜ぶこと」を考え実行することです。企業に限らず、さまざまな組織行動を複合して考えるマーケティングを、一文字だけで全て語ってしまうのは無謀なことかもしれませんが、私は「あい」の音の文字が当てはまると考えています。「会」：モノやサービスに会う機会。／「合」：自分にマッチした商品やサービスとの出合い。／「逢」：親密な関係になる。／「相」：常に相手の存在を考える。／「愛」：他者への優しさを現す。人や社会を思いやる「あい」の心を持って、変化を見据えることが「マーケティング・アイ」なのかもしれません。

第1話　マーケティングは「市場」変化を感じるガイド役です

21世紀になって既に10年以上の時が積み重なりました。世の中にはさまざまな変化が起きています。変化する状況に合わせて生きていくために、経営にも新たな思考力が求められています。過去のやり方や考え方を頑強に守ろうとするだけではなく、現実を直視して、変化適応型の柔軟な経営の仕組みをつくることです。

会社は生き物です。生き物は自分が生きていく環境に合わせて生命を維持し、進化します。変化にうまく乗り切れずに進化を止めてしまうことを、最近は進化を止めた島の名前を使って「ガラパゴス」などとも言われます。自分の周りが変わっているのに、自分は変わらない。それでは時代に取り残された存在になってしまいます。その時々に起きている変化が、いつの間にか社会の当たり前の風景になる時代です。

そのような変化に適応した経営を実践するためのガイドが「マーケティング」の考え

方です。マーケティングは「Marketing」。分解すれば「市場（Market）＝交換の場」の「現在進行形（ing）＝変化」に、交換の主体者として積極的に関わっていこうとする経営のことです。

ただ、マーケティングは、単に企業が市場を操作する為の手段としてだけではなく、いつも相手の立場に立って自らの行動を見直し、状況の変化に合わせて、その行動自体を律して行くようにガイドをしてくれる思想体系とも考えられるのです。

そのように考えるとマーケティングは、「常に相手の立場に立って自らの行動を見つめ直す思考の体系」であると捉えることが出来ます。組織行動に限らず個人の行動にもまた、マーケティングは存在すると考えられるのです。自らの行動を評価し判断を下す相手は誰かを理解することから、マーケティングは始まります。

ビジネスに限らず個人の生活においても、自らを取り巻いている環境の変化をいかに自分自身の問題として意識し、そのために今自分たちは何をしなければいけないのかを常に見極めていくことが必要です。自分が相対している対象者（企業にとってみれば顧客＝生活者）は、何をしてくれたならば喜んでくれるのだろうか、という発想を忘れてはならないのです。

第2話 「市場：Market」の意味を知ることから始めよう

マーケティングは、市場（Market）の現在進行している（ing）変化状況を読み、その動きを自分自身の経営の姿勢や行動に取り込むことを基本の思想としています。ところで、ここで言う「市場」とは何を指しているのでしょうか。その意味を知ることが、マーケティングを理解するスタートにもなります。音としては、「いちば」と「しじょう」の二つがあります。

先ずは「いちば」。まさに「場」のこと。モノや人が、そして情報や金が出逢い交換される「場所」であり「装置」のことです。その昔、10日毎や20日毎に開催された交換の場所は、今も地名に残る十日市や廿日市です。また、装置としては、現在のインターネット環境の申し子のような「楽天市場（いちば）」をご存知でしょう。

さらに「しじょう」という場合はどうでしょうか。高齢者市場、女性市場という言い方や自動車市場、パソコン市場といった言い方があります。つまり、交換対象者であり、交換対象物を指すときにも「市場（しじょう）」という言葉が使われます。交換された結果（需要の規模）を示すこともあります。「○○市場は100億円」といった表現です。

こうして見てみると「市場（Market）」という言葉も、「交換の場や装置／交換の対象／交換の結果」の意味をもったものであることがわかるのではないでしょうか。マーケティング思考では、これらの要素の変化をどのように読み解いたらいいのかが問われるのです。

従来は手売りが当たり前だった飲み物を、今は自動販売機という装置でも購入できます。まだ行ったこともない国の名産を、インターネットという仕組みを使って購入できます。かつて若者市場にいた人も、年とともに高齢者市場に組み込まれます。モノの持つ意味も変わると、交換の結果の需要量も変化します。まさに変化は各「市場」現場で起きるのです。

その変化の中に身を置きながら、常に今の「市場」状況を考えること。自らも変化し続けなければ、市場の今を読むことは出来ません。まさに、今を生き続けることが「マーケティングすること」でもあるのです。

第3話　「顧客」は誰ですか

さまざまなモノや情報がお客様と出会う場や装置が「市場」。その変化を常に気にした経営をすることがマーケティングとお話ししました。では、お客様＝顧客とはどのような意味を持ったものでしょうか。

経営をする際には、顧客開発、顧客管理、顧客主導、顧客志向という言葉や、「顧客は企業の資産である」と言われるように、「顧客」という言葉は普段からよく使っています。

企業にとって「顧客」とは誰のことを指しているのでしょうか。そして、どこにいるのでしょうか。そもそも「顧客」というのは、どんな意味を持っているのでしょうか。何ごとも基本を知っておくことが大切です。

「顧客」は「顧（かえりみる）」と「客」から出来た熟語です。更にこれは、「雇」と「頁」／「ウ冠」と「各」に分化できます。そして、「雇」＝古い／「頁」＝頭・顔／

「ウ冠」＝家・店／「各」＝来る、の意味を持っているのです。個別の要素を続けて読んでみると、「古顔が店に来る」になります。

馴染みの人の来店や来宅ということが元々の意味です。一度限りの顔見せではなく、一度の関係（来店）が長く続いて、また顔を見せてくれる人が「顧客」なのです。

昨今マーケティングでは、顧客との関係づくりが重要と言われます。顧客をいかに維持するのかが経営の主題がおかれるのも、店や企業と顧客との長期的友好関係の形成の大切さを言っていることです。「顧客」は一度として「開発」されたり「管理」されたりしたいと考えたことはないのです。回を重ねて利用しようと考えるのは、そこに何か魅力があって魅かれるからに違いありません。

顧客との関係づくりとは、店や企業サイドが、何度となく利用していただける魅力を提供しつづけ、馴染みの顔を理解することに始まるということは、もともとの「顧客」の意味をたどれば言うまでもないことなのです。

第4話　マーケティングは未来への物語を組み立てるガイド役です

現在は「経験経済」の時代といわれることがあります。商品やサービスの評価基準に影響を及ぼすのは、何事も顧客の経験が決め手になることをいいます。しかも、個人個人が持つ経験は異なっています。ある商品に対する思い入れも異なります。その人が生きてきた時代の環境が異なるからです。また同じような時代環境に生きたとしても、個人の感性による感じ方や接し方によって経験の深さが異なってきます。

さらに時間が経過してくると、その体験が自分自身の物語になっていきます。直接触れたことや見たこと、食べたもの、購入した場所や、その折の自分自身の感情が、経験談の脚色に花を添えることになるでしょう。

場合によっては、小さな話が大きな話へと成長していくこともあります。実は自分自身の体験ではない他人から聞いた話が、自分の物語の中に入ってくることもあります。そして、一人ひとりの物語は終わることなく広がっていきます。子どもの時に食べた飴一つが、さながらダイヤモンドのような輝きを持ったモノになって主役を演じること。家族旅行のときに見た景勝地の景色。友人と過ごした学生時代の小旅行。そのような個人の体験は、物語のテーマでもあります。今自分の前にあるモノを判断する尺度は、実はそれまでに積み重ねた自らの経験がベースになった物語が基本になっているのです。

日常の生活だけではなく、会社経営においても同じことが言えそうです。過去の自らの意思決定や戦略の設計など、その成果が今の会社の姿になっているのです。ということは、今の想いが2年後、3年後の会社のあり方を決めます。過去の経営判断に過ちが無かったかどうか、今の会社の実体が知らせています。多くの経験と、未来に対する想いの深い人は、長編小説以上の物語を語ってくれます。マーケティングは、過去を含めて未来の姿を夢想して語るストーリーを組み立てるガイド役でもあるのです。

第5話　「分析」だけでは未来が描けません

マーケティングの実践には「分析力」が重要である、という声をよく耳にします。市場の変化から新たなビジネスチャンスを発見しようという掛け声も再三聞こえてきます。言葉では理解できるのですが、新たな機会がそうやすやすと見つかるものではありません。確かに、さまざまな変化を見るにあたって、大きく全体をつかまえることはなかなか難しいものです。顧客の好みや評価の声を分析する、といった時には、先ずは細かく分ける作業からはじめます。「顧客細分化」という言葉で説明されます。世の中の動きは、顧客の変化だけではなく、競争相手も動いています。そこで、業界の動きを細かく分類して、個々の変化を見ようとします。業界分析や競合分析といわれる分析です。

細かく分けた状況について数値や事実を並べると、何となく自分なりに納得をして、これで「分析」は出来たと思ってしまう人もいるようです。しかしそれは、単にある状況を整理したに過ぎません。細やかに分けることは、作業の効率を高めることにはなりますが、「部分最適」を求めていることになってしまいます。マーケティングで必要なことは、市場全体が今どのように動いているのかという「全体最適」を考えることが求められます。「分析」と対になる視点が必要です。「分析」の反対語は何でしょうか?なかなか浮かんでこない言葉の一つではないでしょうか。

そもそも、反対語を思い浮かべるのも案外難しいもの。小学生の頃に、「高い」の反対語は何かという問いに対して、「低い」と答えた者と「安い」と答えた者で教室が二分されたことがあります。共に正解です。であれば・・・、「分析」の反対は。実は「総合」です。

細かく分けたならば、今度はそれらを統合して総合的に見ること。マーケティングの実践にはこの両面の見方が求められているのです。

第6話 「そくど」が競争の要素になっています

それ程急ぐ必要があるのかと思わせるような時の中で、現代の生活は成り立っているようです。駅頭で出会う人の群れに見る顔の多くは、常に前を急ぐような切迫した顔です。階段に差し掛かると、前に人の群れがあるにも関わらず、われ先にと前方に圧力を掛けて、何とか道を開こうとする人もいます。それ程の「速度」が日常性の中に求められているのだろうかと、疑問が浮かぶ自分自身も、雑踏の中で、先を行こうと必死になっていることがあります。

人を押しのけてまで前に進むための「速さ」だけではなく、何事も早く終えるための仕組みが模索されています。製造から販売に至るプロセスの短縮化によって、販売展開のスピードを高めようとする動きがあります。速度が競争を優位に進める鍵のように語られているのです。しかし、速さは決してそのプロセスの速さだけではありません。即応力も問われるのです。「速度」プラス「即度」でしょう。いかに素早く反応するかの能力と置き換えることが出来ます。あるものを、限られた期日までに完成させねばならない状況の折に、完成させるプロセスの速さはもちろんですが、それ以上に、いつまでに完成が見込まれるのかという読みを、即解答し得るかどうかの能力です。

顧客から、いつまでに商品の納入が可能かといった問い合わせがあった際に、納期を短縮することは必要ですが、それ以上に、可能な期限を即答できる体制を持ち得るかどうかが鍵になります。そのためには、日常的に自分自身の業務内容に限らず、部門内やチーム内の状況、情報が共有されていなければ、その対応はできなくなってしまいます。営業活動においては特に、顧客への反応の早さ自体が、競争する上での差別化の根本になることがあります。

われわれは今、確かに時の速い流れの中で日常生活を送っています。しかし、そこでの「はやさ」とは「速度＝段取りの能力」と「即度＝反応する能力」の両面があることを忘れてはなりません。

第7話　「会社」の意味を知っていますか

あなたは「会社」を見たことがありますか。「何を今さら・・・。毎日通っているではないか」と言われるかもしれませんが、あなたが通っているのは、会社の場所＝社屋であって、「会社」に通っているのではありません。通うのではなく、会社という「機能」に参画しているのです。「あそこが株式会社○○の本社だ！」と、我々が日常接し、眺めているのは、株式会社○○の本社社屋ということになります。

会社とは英語では“Company”です。“Com”は、“Communication”のComと同じく、「共有する」ことを意味しています。そして“Pany”は「食糧」のことなのです。したがって、“Company”とは「食糧を共有する（同じ釜の飯を食う）」ということになります。しかし、単なる人の集合としてのみ見るだけでは、人の具体的な動きが見えて来ません。そこでさらに解釈して、“Pany”の食糧を、人が生きるうえで必要となる「根源的価値」と理解されるようになりました。

会社＝“Company”とは、「価値共有の集合」ということになります。

果たして、各会社はどのような「価値」を生み出すために集まった集団なのでしょうか。

昨今動きが急な「分社化」の考えも、多様な価値が分散化することを改め、価値を統合的集団に再編成する動きに他なりません。

であれば、「あなたは毎日、どのような価値を生み出すために「会社」に参画していますか？」「あなたの「会社」が生み出している価値は何ですか？」

自らの活動が生み出す成果の確認から、マーケティングの思考は始まります。

第8話　「理論」は自分の説明力（論理）を見直す鏡です

マーケティングが日本のビジネス界に紹介されてほぼ60年。その間にさまざまな「理論」が語られ、マーケティング・ビジネスの道標となってきました。消費者の購買行動を説明するモデル、企業の多角化を導くモデル、事業構造の単位を見直す方法論、製品開発の一般プロセス・・・・枚挙にいとまのない理論が紹介され、かつビジネス現場で検証・活用されてきています。

「理論」とは、『どの分野においても説明のできる〝理屈〟』と解釈できます。それだけに普遍性を持ち、意味がわかったつもりになるケースが多いものです。しかし、いかに多くの理論を知っても、多様なビジネスの現場にそのまま当てはまる訳ではないでしょう。個別的な意味転換・解釈が必要です。基本的な考え方は同質であったとしても、実行過程は企業の性格や対象商品・サービスによって多種多様だからです。

理論を読み解いて、自らのものに置きかえる思考過程が必要です。「理論」の文字を逆転させる発想。「論理」の必要性です。「論理」とは、『自らの考えを説明する道筋』のこと。ある現象を自分なりにどのように解釈したのか。その理由付けを、他者が聞いてわかるように説明する力のことです。

同じ現象にも、人によってさまざまな解釈があるでしょう。その一つひとつが理にかなっているのかどうかを見極めること。その際の判断尺度が「理論」なのです。「理論」は覚えるためにあるのではありません。個々の「論理」を補強し、確認するためにあるのです。

マーケティング・スタッフに求められる資質は、「理論」を多く習うことで高まるのではなく、自らの思考回路を筋道たてて説明できる「論理」を学ぶ姿勢を持つことにより深まるのです。理論的知識を持つことよりも、論理力を持ったスタッフ能力が求められています。

第9話　「知識」は必要ですが、それ以上に「意識」が重要

何かを成し遂げようとした時、人は不安に駆られることがあります。今のままで良いのか、他にもっと良いやり方があるのではないか・・・。確認する術を持たず、今までに自分が知り得たことを基本に、もう一度筋道立てて、自分のやろうとしていることを説明しようとします。そこに働く力としては、ある時は累積された個人的な知識がものを言うことがあります。

しかし一方で、知識だけでは解決できないことがあります。蓄積してきた知識では、今起きている現象を説明することが出来ず、また暗闇の中に入り込んでしまうこと、あの時に、もっと学んでおけば良かったと反省する時です。そのような時に大いに発揮されるのが、本人の意識です。過去は問題ではなく、今起きている現実にどのように対処しようとするのかの、自分自身の意欲や対応の姿勢を問われているのだと、はっと気づきます。す

ると、それまでに思いもつかなかった方法が浮かんでくることがあります。誰かに習った方法ではなく、自分自身が編み出した道筋の発見です。

理屈だけでは解決できないことが多く登場してくるのが、マーケティングの現場です。このような施策を展開すれば、顧客は間違いなく動いてくれるはずだと思うのですが、その通りの結果が生まれてこない。予期せぬことだらけ。そのような時には、過去に学んだことの、何とも脆弱なことかを思い知らされるものです。

単なる表層的な「知っている事実」よりも、心底思い込んだ「まだ見ぬ未来」を実現しようとする意識が、どれ程の力になるかを知るときです。マーケティングが、「学」として存在するのではなく「論」として存在するのも、そこに意味があります。マーケティングは、自分自身が実行する「未知なる未来への道案内」なのです。

第10話　マーケティング能力の一つは「語彙」豊富になること

文字に限らず、画像のやり取りが手元でできるようになりました。確かに、自分の今の気分を伝えようとすれば、言葉で説明するよりも、表情や態度を見せた方が相手に素直に伝達できることもあります。その状況を文章に表現しようと思えば、何枚にもわたるレポートが必要でしょう。街並みや景観、その地における天候を知るのではなく、実感度を高めるのはやはり視覚情報の方が勝っていると考えられます。

ただ、マーケティングを考えるときに忘れてならないことは、ある現象や事実をどのように読み解くかという発想です。同じことに出会ったとしても解釈はさまざまあります。異なる環境を見るのは、「個となる」事実を読むことに通じるもの。「見た」結果を「読む」こと、それは言語での表現の必要性を言っています。いかに言い表すかということです。文学的表現の必要性を問うているのではありません。さまざまな表現方法を問うているのです。

マーケティング・スタッフに表現力が問われるのも、顧客の行動や店舗の動きを、動画像に限らず自らの言葉で他者と共有することで、次なる戦略展開糸口を発見する必要があるからです。しかし、これが難しい。言語を持たずに感覚論が横行する風潮があるからです。「〜って言うか・・・○○的には・・・」の自己解釈。「マジっすか?」の疑問詞。何でも「超」のつく評価語。歳を重ねたので、このような表現についていけない、というのではなく、市場の事実に関して、共通の認識をもつことが困難になってしまうことへの危惧があります。

ここ数年、日本語に関する書籍も多く出版されています。その意味するところは、学習する「国語」ではなく、この国にある文化や自らの意志を伝える根本にある「語彙」豊富な日本語への注目です。ある現象を、どのように読み解くのか。自らの心の奥底にある思いを、どう説明するのか。表出を言葉ですることの意味を、マーケティング・スタッフは常に考え、表現力を高めることを忘れずにいたいもの、と私は考えています。

第11話 「未知」を「無知」とせずに気づかせることもマーケティングです

「おバカキャラ」という言葉を時に耳にすることがあります。雑学という名の常識を問うテレビ番組で、「知らない」ことをはやし立てるような場面に遭遇することもあります。知らないままにやり過ごしてしまう、そんな社会の風潮が気になります。

マーケティングは、その存在自体を知らない人々や、存在は知っていても使い方や効率性を承知していない人々に、より良い方法や考え方を提示・導く役割を持っています。少なくとも、商品やサービスを説明する立場にある者は、その内容を勿論知らなければ話になりません。この商品はどのような場面で使うことが良いのか、このサービスはどのような状況の際に利用すればよいのか。答えは、使用者・利用者の学習によって高まってはいきますが、その前提として、提供者サイドが何か仮説をもっていなければ議論は始まらないですし、「どうぞご勝手に・・・」では、利用者側は何をどうすればよいのかすらわからぬままに終わってしまいます。

「知らない」「聞いていない」の「未知」のままで済ませてしまうのではなく、知ろうとする行動を起こすきっかけを提供するのも、マーケティングの大きな役割のひとつです。広告“Advertising”は、広く知らせることに意味があるのではなく、その原義（元の意味）は、「気づいて振り返させる」ことを言います。闇雲に商品名や企業名を連呼することだけが広告ではないのです。はっと気づかせ、受けた本人が学習するきっかけを与えるものです。

「未知」を「無知」と言って片付けてしまったのでは、未来に向けた道も未知のままで終わってしまわないかと、気になってしまいます。

第12話　自分の頭で考えて、自分なりの答えを出すこと

１９９０年代後半から、失われた年とも言われて、ビジネス界では、さまざまな片仮名モデルが紹介され続けてきました。リ・エンジニアリング／リ・ストラクチャリング／リーン革命／シックスシグマ／バランス・スコアカード／アウトソーシング／ＳＣＭ／ＣＲＭ・・・。言葉の意味を理解するだけでも時間がかかると思う人もいるのではないでしょうか。

しかし、モデルは考える糸口を教えているに過ぎないことを知らなければなりません。言葉の理解は、あくまでも表層的な知識の集積にしかなりません。自分のことは自分で考えるべきです。その際に、どのようなものの見方をすべきかのガイド役を果たすのに、先に挙げたものも含めたモデルがあります。かといって、日本の先人が残したモデルがないわけではありません。何となく片仮名で示されると、斬新な感じがするのでしょうか。既

に日本企業の多くは欧米の経営モデルを真似る時期は過ぎていることを認識しなければならないのではないかと思います。旺盛なる知識修得意欲が、日本型の経営モデルを生み出してきたことは間違いないのです。

改めて、自分の頭で考え、自分なりの解を導き出す時代です。2003年9月に刊行された新原浩朗氏の「日本の優秀企業研究」(日本経済新聞社)の一文に、優秀企業とは「自分たちが分かる事業を、やたら広げずに、愚直に、真面目に自分たちの頭できちんと考え抜き、情熱をもって取り組んでいる企業」との指摘があります。

そのためにも「原点」を見ることを問いたいと思います。それはまた「原典」を探訪することでもあります。マーケティングを実践するには、自分の頭と言葉で考え、考え、考え抜いた想いを発していくことです。

第13話　マーケティングは、お客様との合意形成プロセスでもあります

同じ時に同じ場面の体験をしても、人によってその折々の印象や感覚は異なったものとして残るもの。ある人にとっては感動的なことであったとしても、他者にとってみればさしたる感動をもたらさないことがあります。人それぞれに、積み重ねてきた歴史や知見は異なるものですから、同じ刺激に対しての反応が異なるのは当然です。

しかし、ある目的を持ってゴールを目指して多くのメンバーと共に行動をする際に、一人ひとりの感覚や感性を各自が勝手にゴリ押ししたのでは、ことは運ばなくなってしまいます。目的を共有し、目指すべき目標に向かってチームメンバーが合意のもとで力を合わせる。決してきれいごとではなく、日々の仕事はそのような動きをもって進みます。全員の合意が、責任の所在を不鮮明にするというのではなく、各自の役割を明解にしながら、多くの意志を統合することが、チームを預かるリーダーの役割にもなります。

当然、全員が納得するとなれば、腹を割った話し合いも必要です。その議論の過程では、他者の意見に対する「反論」もあるでしょう。ただひたすら押し黙って、事の成り行きに身を任せ、決まったことを渋々やっていたのでは、プロジェクト自体が滞ってしまいます。また、所期の目的を達成することも難しくなります。「合意形成」とは、さまざまな意見を丸めて、総花的で角の取れた結論を導くことではありません。ある一人の人の意見に全員が賛同することもあります。たとえ「反論」があったとしても、何に対しても「反対」の姿勢では後ろ向きです。

そのように考えると、マーケティング思考の基本は、仲間やお客様との「合意形成」にあると捉えることが出来ます。

第14話「Skill-Sense-Style」のバランスを身に付けていますか

社会人対象の大学院が注目されています。夜間に終業後、自らのキャリア・アップを図るべく、新しい知見を求めて学習の場へと参加する。今までに知らなかったこと、知っていたが忘れてしまったこと。かつては拒絶反応を示していた分野も、時を超えて改めて接すると、従来にはない鮮度感覚で吸収できることもあると思います。まさに、学生時代には何事かを「習う」姿勢でしかなかったことが、自らの発見に繋がる「学ぶ」ことの楽しさを、社会人になって実感する時ではないでしょうか。

何よりも、新たな分野での自らの発見があるのは、自分自身の考え方やものの見方を広いものにします。楽しさも広がるもの。「習う」のは、比較的あることに対する方法論の修得に止まってしまい、Skill（技法・技能）を身に付けることに終始してしまうもの。Skillは一度やり方を理解すれば、後は繰り返しての訓練によって深まる可能性がありますが、ビジネスはそれだけに止まりません。

必要なことは、モノを見る眼・考える視点の広がりです。専門性はベースにはなりますが、狭い領域に閉じこもったのでは発見が乏しくなってしまいます。Skillを超えたSense（感覚・認識）の深まりが求められます。さまざまなモノや人との出逢いがSense向上の糸口です。視野を広めるとは昔から言われたことです。

更には、SkillやSenseを基軸として、自分なりのビジネスStyle（様式・型）をつくりだすことが出来るかどうかが必要です。何となく雰囲気を感じさせるビジネス個性とも言えるでしょう。その人らしさを感じさせるものが、身に付くかどうかです。

従来のビジネス分野での学習・研修の場は、どちらかと言えばSkill獲得を目的としたものが主流を占めていました。しかし今、マーケティング・スタッフに求められているのは、画一的・定式的な方法論を知っていることではなく、知識を超えた見識です。Skill-Sense-Styleの３Ｓバランスが必須なのです。

第15話　コクーン（cocoon：まゆ）の思考では未来を描けません

社会的に何とは無しの淀んだ空気があるように感じます。毎日見聞きするニュースに、明るく気分を高めてくれるものが少ないからでしょうか。国際的な事件や社会制度上の問題に限らず、身近でも驚きを感じさせる事件が起きています。見るに堪えず、聞くに堪えない話題に多く接します。

こうした社会環境の中で、それでも更に新しいビジネスチャンスを発見しようと心掛けるのがマーケティング・スタッフのもつ宿命的役割です。時代の風に流されると、どうしても暗い話が中心になり、そして、他者のことではなく自分たちのことだけを考える罠に陥ってしまうことがあります。

一つの商品がヒットをして、多くの生活者に受容されると、一気呵成に同質の商品が溢れかえってくるのも、その現われかと思うことがあります。健康を意識する生活が当たり前になり、自分のことは自分で護る、といった意識の高揚があると、健康の細分化が始まります。「中性脂肪」対応、「血糖値」対応、「疲労回復」対応・・・まさに百花繚乱。受け手である生活者側も、情報や商品機能を峻別するのが大変です。何を、誰を信じればよいのかがはっきりしなくなってしまいます。ＴＶから流れる情報も、どれもこれも身体に良さそうで迷い道にはまってしまうもの。

相手の立場に立って考えれば、リアルな情報の提供こそが重要であることはわかっているのですが、その状況をどのように伝達するかを熟慮しなければなりません。しかし、いま流行っているものにそのまま乗ってしまう動きが急になります。〝業界こぞって〟といった動きの中に身を置いていた方が、安全で安心の気分になるのでしょうか。

ある世界に入り込んでしまうことの怖さがあります。その世界から自分の身を出そうとしなくなってしまうからです。さながら、繭（まゆ：cocoon／コクーン）のように、身を護ることに意識が働くのでしょう。マーケティング・スタッフがコクーンになってしまっては、暗い部屋に閉じこもった引きこもりになってしまいます。マーケティングは、殻を破って未来を描く思考をガイドしているのです。

第16話　マーケティングは顧客との「貸し借り」のバランスづくりです

消費者金融が発するメッセージに「ご利用は計画的に」があります。借りたものは返す、世の道理です。返せないなら借りるな。これも道理でしょう。しかし、今の世情はどうやらそうではないようで、「返せそうもないが、まあ何とかなるだろう」といったお気楽モードも一部見られます。30年ほど前でしょうか、"Play Now, Pay Later"のキャッチフレーズがクレジット会社から流れていたことがあります。これも、楽しみは先に、但しその借りは返すように言い聞かせていたものです。

最近は「勝ち組／負け組」に代表される二者択一的な判断基準が横行しているように感じます。どちらを選ぶかと言われれば、多くは負の状況よりも正の状況を選択したくなるのも人情です。しかし、一方の極があればその対極が必ずあります。両者のバランスによって人生は創り出されています。一方の極にのみ身を置いていると、どうしても思考の回路や、何よりも暮らしの姿勢自身が偏ったものになってしまいます。「偏見、偏狭、偏食、偏屈・・・」ほめられた言葉は並びません。

ビジネスの世界も、経済的な対価のやり取りに限らず、業務上の貸し借りが常に存在します。なぜ自分だけがこんな思いをしなければならないのか、と苦渋に満ちた顔で現在の仕事を語る人がいます。しかし、終生そのような状況が続くわけではありません。その仕事は多くの人に貸しを作っているはずです。いつか利息がついて返ってくることがあります。ただ、その返済に気づかぬままでいることがあり、自分は貸しばかり作っていると思い込んでしまうようです。

借りを作るよりも貸しを作った方が、将来が楽しみだと私は思っています。借りると返さなくてはなりません。それよりも、今の仕事がいつか廻って戻ってくることを楽しみにしていたいもの。マーケティングは、顧客への一方的な貸付ではなく、顧客から「ありがとう」の言葉が返ってくる、貸し借りのバランス行動ですから。

第17話　マーケティングが求めることは「楽しみ」の提供です

１９５５年に日本に紹介されたマーケティング。時あたかも、時代の変革を生活の中に感じるような時でした。翌１９５６年には電気炊飯器が、東芝から初めて生活用品として発売されています。台所での家事労働は一気に楽（らく）になりました。ほぼ４００年近く続いていた家事労働のモデルが一変したとも言われています。その後の洗濯機、冷蔵庫、掃除機と続く家電革命は、まさに日本人の生活行動自体に革命をもたらしたともいえるでしょう。生活モデルに止まらず、企業行動モデルにおいても同様の動きを見ることが出来ます。戦後日本の経済復興にあっては、従来辛かった仕事からの解放をめざし、交換頻度を高めて経済成長を実現するための試みが多く取り入れられていきました。作業の標準化や単純化によって、人の個別的な技能の習熟を待たずに、均一化された規格品を次々に生み出す仕組みを作り出してきたのです。今まで以上に「楽（らく）」になろうとした努力だったといえるでしょう。

しかし、「会社の寿命は30年」ともいわれます。成長神話を生み出す起爆となった「所得倍増」のビジョンが発信された1961年から30年経過した91年、バブル経済が崩壊したと言われています。従来型経営モデルの行き詰まり感が蔓延し始めた年でもあります。楽（らく）なことを考えるのは、一面的には効率性を高めることに通じるところがあります。しかし、大切な何かを削ぎ落としたり、置き去りにしてきたように思えます。人間は決して、何事に対しても楽になることを求めているわけではないのです。

同じ漢字の「楽」ですが、一方の読み・意味として「楽しい」があります。ある会合に参加することで気分が高まったり、商品の開発に自分自身が直接関与し新たなアイデアが実現することで、今まで以上に「楽しさ」を感じることはないでしょうか。苦痛の回避ではなく、傍から見れば大変そうに見えることが、本人にとっては心の奥で「楽しさ」に満たされていることもあるのです。

企業のマーケティングは、苦役を和らげ「楽（らく）」をつくり出すためにあるのではなく、自らが生み出す「楽しさ」を顧客の「楽しさ」に転換するためにあるプロセスと理解できるのです。

第18話　Japanモデルの源流は「和・真」にあると思います

11月22日の「いい夫婦の日」に、生命保険会社の調査結果が掲載されていたことがあります。夫婦が長持ちをする秘訣を漢字で表すと何になるかというものです。そこで、男性も女性も共通に上がった漢字が「和と真」でした。これに加えて、男性は「愛」や「絆」が、女性は「忍」の字が挙がっていました。

そもそも「和・真」の二文字は、日本人の心の奥に何となく潜んでいる精神文化の原点ともいわれています。基本をその心に置いて、加えて「賢実、斬新、好奇心、挑戦、夢・・・」日本がかつて成長の軌道にのって邁進していた時に持ち続けていた心です。いつから忘れてしまったのでしょうか。「ありがとう」「ごめんなさい」「失礼します」「おかげさまで」・・・日常に行き交うお互いを思い遣り、慮る言葉。いつから置き去りにしてしまったのでしょうか。

「和」は「なごみ」です。決して「癒し」ではありません。ほっとするのは、自らが「和む」ことです。人に何かをされるのではなく、自分自身でかかわりを持ちながら、一つひとつを丹念に仕上げていく達成への想いが基本にはあるはずです。

「真」は「まこと」です。他者に対して親切にして欺くことのない誠意です。何をしても自分がよければそれで良いという考えではありません。他者を思い遣る心が底流にあるはずです。

日本型ビジネスのスタイルは本来、そのような「和と真」の心を内包したモデルではないでしょうか。他者の良いところを積極的に取り入れ、加工し、新たに創り上げる力。決して人真似ではなく、創造性に富んだ、一人ひとりの感性が結実したものです。

日頃の心がけが、いつか社会の規範をつくりだすものです。してみると、今の社会で、「和と真」を実感するのはどのような場面でしょうか。

「企業経営の揺らぎ」を聴く15話

「会社」生き物です。日本における企業の成立時期に関する説明はさまざまあります。室町時代の商家の成立にその源流を見ることもあれば、また、明治維新時の官業・民業の成り立ちを原点とすることもあります。しかし、現在の問題意識としては、戦後の経済復興期以来続いてきた多くの日本企業の標準的な経営のあり方が、社会・経済の環境変革期にあって機能不全を起こして、新たな企業経営のあり方が問われているということではないでしょうか。揺らぐ経営現場に吹く風に耳を澄ましてみました。

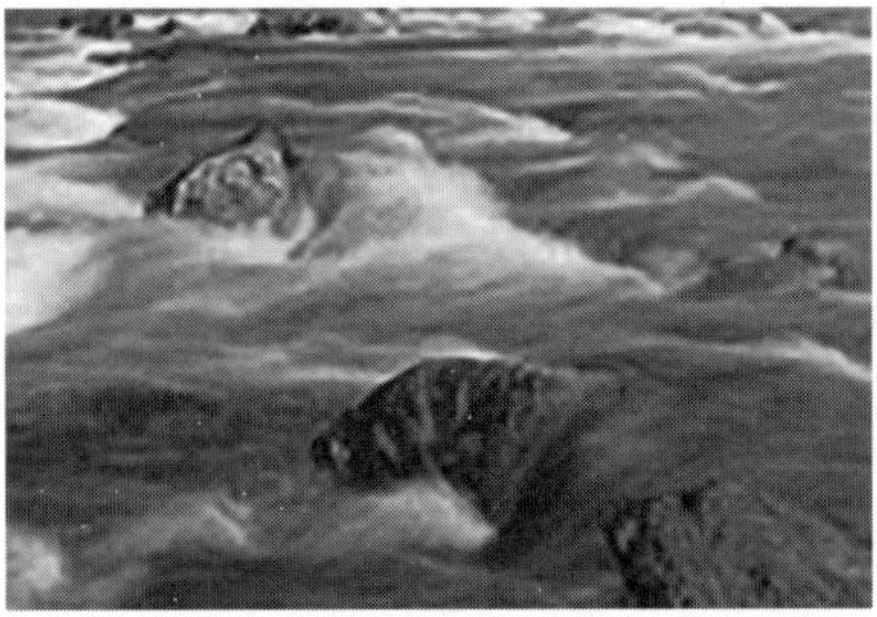

第19話　変化に「気づく力」を高めよう

「マーケティングは市場の変化に対する創造的な適応行動」と言われます。変化に適応するためには、自分自身が変化に敏感でなければなりません。ぼんやりと流れ去る時の中に身を置いていたのでは、車窓から眺める景色の移り変わりを見ているようなものです。企業活動の対象者であるお客様（顧客）は変化をし、企業の経営に影響を及ぼしてきます。

そのために必要なことは、変化そのものに「気づく」力を高めることです。現在の市場の動きを察知する感性とも言えます。何かを見て、今までとどこか違う、自分の過去の経験だけでは判断できない、書物を通じて知ったこととも何かが違う・・・、と先ずは思う。そこからどうするのかが分かれ道です。何故かと考え込む。しかし、いつか考えたこと自体を忘れてしまうことがあります。でもそれでは「気にする」レベルで止まってしまいます。肝心なことは、「気にして動くこと」です。動きを伴うかどうかが「気づく」力を持っているかどうかの分岐点になるのです。

オフィスのデスクの上に置いてあったティッシュがなくなっているようだと思い、新しいボックスを買う（またはストックを取りに行く）、という行為が「気づく」ということです。

「気」は人の精神が外に出る様子をいいます。現在のビジネス環境では、「気づく」力が新しいビジネスの可能性を生み出すと言われます。昨日と今日では、何が違いますか。自分の身の回りに、どんな変化が起きていますか。気づくのは、何としてもそうしなければと、固く構えていれば良いということではなく、気軽な気分で四方に眼をやって、何となく今までにない何かを感じることです。「気」とは眼に見えないもの。自分の心の動きや状態・働きなのです。

第20話　相手を思い遣る心こそがマーケティング思考です

マーケティングが日本の産業界に紹介されたのは1955年と言われています。既に60年以上の時が流れました。その間の日本経済の変遷と共にマーケティング自体も変化・進化の道を辿ってきました。今も、人によってさまざまなマーケティングの解釈がされるのも、それだけ時代環境変化に敏感に反応しつつ発展をして来たからともいえます。販売支援型のマーケティング、流通形態対応型、広告優位型・・・。その一つひとつに、今までの日本経済の歩みそのものにも似た動きをみることが出来ます。

60年代から70年代のマーケティングは、「つくる」ことに主眼を置いたものでした。モノ不足の時代に始まり、モノをいかに大量につくり、大量に届けるかと、企業の経営もモノ主導型発想に主眼が置かれました。効率的なモノづくりをリードして、販売を円滑にする手段として、マーケティングは拡大成長のガイド役を果たしました。

80年代のマーケティングは、「伝える」ことに主眼が置かれていました。多くのモノやサービスが、高い品質を維持してつくられる環境で、自らの差別性をいかに理解してもらうか。広告のコピー一行を書くのに何千万円といったコピーライターが、社会的にも認知され注目されていた頃です。

時流れて90年代以降、特に21世紀に入ってから、マーケティングは一段と企業経営の根幹的な位置づけで語られるようになっています。一方的に企業サイドの論理だけではなく、顧客の真の想いを辿りながら、必要とされるものを一緒に「生み出し」無駄のない経済活動を進めようとする考え方です。「顧客主導」の発想。「つくる－つかう」「伝える－聞く」の対極的な考えではなく、「共に生み出す」考え方です。

マーケティングの今日のテーマは、自らの相手を今まで以上に思い遣る幅広いものへと拡張し、過去を分析することに止まらず、未来を語る役割までが求められているのです。

第21話　購買を促す「さいじ」を考えよう

消費行動のきっかけは、日常の生活において「備える」ことが原点にあるといわれます。"「寒くなってきたから防寒用品を揃えよう・・・」「そろそろ春物を準備しよう・・・」といった感覚です。"備えあれば憂いなし"の生活心理が働くということでしょう。

備えるきっかけは、生活の節目への対応とも読み替えられます。大きくは次にあげる3つがあると考えられます。

ひとつには、人生です。「そろそろ社会人だから・・・」「こどもも大きくなってきたから・・・」等々、あげればさまざまな人生のステージが想起できるでしょう。しかし、最近はどうもこの感覚が薄れてきているようにも思われます。別に次のステージに備えなくても、今が良ければそれで良しの感覚が広がっているようです。

今ひとつは、季節。「歳時」といえるものです。節句があるように、まさに節目に対応した感覚での消費行動喚起です。しかし、これもどうやら薄まっているようです。正月と言われても、これといった感覚が湧き上がってこなくなって久しいような気がします。

であれば、今ひとつの節目が必要になります。それが、祭り「祭事」です。祭事は変わらない日常からひと時離れて、いつもとは異なる自分や生活感覚を獲得する場でもあります。歳時と相まって季節感を醸し出していました。夏祭りや秋祭りに胸躍らせた記憶もあるのではないでしょうか。

今これに変わるものが「催事」と捉えられます。日常を離れた楽しみや喜びを提供する場としてあるもの。それこそが、思わず我を忘れてまで喚起される購買への動機になるのではないかと考えられます。

「歳時」「祭事」にプラスした「催事」。消費を促すきっかけが、毎度同じような仕掛けでは、人はあきてしまいます。驚きや感動を与えることのできる催事を考えることも、今の消費を促進するきっかけになるものです。

第22話　顧客が驚くことを提供しよう

日々繰り返される暮らしの時が積み重なって、自分の人生時間としてさまざまな事実が刻み込まれていきます。何事も無いという日は、実はないのですが、これといった驚きや未知との遭遇でもない限りは、やはり平凡に時は流れるのかと無意識の内に予定をこなすことが多いような気がします。そうした日常の繰り返しの中でも、ちょっとした喜びには出逢えるもの。その人なりの感性の濃淡が、事にあたっての驚きの様子を変えているのかもしれません。それは、今まで何ごともなく通り過ぎていた景色や情景のちょっとした違いに対するものなのです。

同じことが、同じように繰り返されるだけでは、人は特段の驚きすら感じなくなってしまうもの。慣れてしまうと、価値も逓減してしまいます。驚きを感じるというのは、実はちょっとした変化に対するものです。しかし、そのちょっとしたことが、なかなか思い浮かばず、実行にも移されないことがあります。

仕事柄、新幹線を利用して移動することが多くあります。その都度無感動なアナウンスに出会います。関西からの帰路、ほぼ決まって小田原近辺で「只今、この新幹線は定刻通りに小田原駅を通過致しました」と誇らしげに告げるもの。乗客にしてみれば、定刻通りというのは当然のことであって、その保証の元に新幹線に乗車をしているのです。いまさらのことを聞かされても、感動はありません。それよりも、小田原を通過した途端に、名物の蒲鉾を売りにこられた方が、驚きの感動を覚えるのではないかと思います（今までに体験したことはありませんが）。

マーケティングを実践する人には、顧客が驚きを覚える手段や仕組みは何かを、常に自問自答することが望まれているのです。

第23話　「データベース」はお客様が持っていることを忘れずに

データベース・マーケティングという言葉は、ＩＴ革命が言われだしてより、よく耳にするようになりました。というよりも、１９８０年代初頭に注目されたＯＡ革命、更には60年代後半から言われたＭＩＳ革命においても、データベースとはよく聞かされた言葉です。

その原義は「各種のデータを磁気ディスクなどに体系的にかつ重複のない状態で記憶させ、必要なときに知りたい情報を取り出せるようにしたもの。略語ＤＢ」（学研カタカナ新語辞典）とあります。使いたいとき、知りたいときの主体者は誰でしょうか。情報を検索するその人です。一般的には、企業人が想定されます。

確かにマーケティングを企業の市場に対する活動体系と捉えれば、その解釈も正しいでしょう。しかし一方で、今問われているマーケティングの発想原点は、顧客との密接なる関係づくりにあります。リレーションシップ・マーケティングを素直に解釈すれば、「関係・関連づくりの志を持った企業行動」と訳すことも出来ます。ただし、関係はひとりではつくることが出来ません。相手があってはじめて繋がりが生まれます。

としたならば、データベースも一方的に企業サイドがコントロールするための手段と考えるのは、一面的な解釈に過ぎなくなります。相互的なものなのです。顧客サイドにも明快なデータベースが存在しています。過去の購買における体験や、消費時における経験が、顧客サイドがもっているデータベースなのです。顧客の頭の中を覗かなければ、真に望まれる情報や商品を提供することは出来ないのです。データベースとは、顧客（生活者）の頭（心）にあるファイルのことであり、送り手である企業が独断で収集した情報のファイルだけではないことを、肝に銘じなければなりません。

第24話　新商品の提案に必要なことは「慈しむ心」を持つことです

これ程同類の商品が必要なのかと思わせるほど、毎週のように新しい商品が紹介されます。どこに味の違いがあるのかと、一度全てを飲み比べてみようかと思ってしまう「缶コーヒー」や「お茶」などの飲料の氾濫。基本的な機能は、それ程大きく変わったとも思えないが、大きさや色を含めた見た目の変化は感じる「スマホ・携帯」等々。

知らされる情報の多さと速さが、地球規模で巡っている今、確かに時の流れも早く感じます。知らないことも、インターネットで検索すれば瞬時にガイドして貰え、じっくりと考えるいとまを与えて貰えないほどです。逡巡していうるうちに、次の場面へと自分の周りの景色が変換し、自分自身が時代に乗り遅れているのではないかと、要らぬ心配をする人も出てきてしまいます。周りの景観が異なったものになったからといって、決して時代に乗り遅れているわけではありません。新しく登場してくる商品を、自ら取り込むことをしないからといって、時代遅れでもないのです。自分なりの評価基準を持っているかどうかが問われます。

長く身につけているものや以前より繰り返し使用している商品。変わらぬサービスを提供してくれるなじみの店。日本の文化の底流には、身の回りのものを「慈しむ：いつくしむ」感性がありました。かわいがって大事にする感性です。新しいモノやコトを否定しているのではありません。無為に古くからあるものを捨て去るような感覚の貧しさを憂えています。古いものを「愛おしむ：いとおしむ」愛着を感じて大切にする思いは、モノに対してだけではなく、自分の周りの多くの人に対しても働く愛情です。

新商品を開発するための絶えざる革新は、マーケティングの主要テーマです。しかしそれは、従来のものの否定から始まるのではなく、今を真摯に見つめて、未来への予兆を汲み取る崇高な行為であり、多くの人に慈しんで貰えるものの提案でもあるのです。

第25話　企業を評価する尺度は、「良い」企業から「善い」企業です

「会社の寿命：盛者必衰の理」が日本経済新聞社から上梓されたのは1984年8月。「会社の寿命は30年」と、当時センセーショナルな話題を投げかけました。そして、90年代に入ってからは、地球環境やリ・ストラクチャリング（人減らしではない企業再構築）を主題にした、「環境に良い会社：地球に優しい経営の条件」（91年11月）が、さらに「強い会社：勝ちパターンを描く個性派企業」（94年7月）が上梓され、企業経営に対するさまざまな視点を提供してきました。

書籍のタイトルは、ある面その時代時代の世相や注目テーマを取り上げています。その言葉には、かつてより日本企業を評価してきた尺度が見え隠れします。基本は「体つき」をベースにしているようです。つまり、体格（企業の規模）であり、体力（経営の資源）、そして体質（組織の風土）の3視点です。

企業の経営目的を経済的な価値増殖におけば、そのような判断も受け入れられます。しかし今世紀の社会環境にあって、果たしてそのような定量的な尺度で企業の行動を見ることが良いことなのかという疑問が浮かんできます。企業を「法人」というように、人格を持った集合体と考えると、人を見るときに、その人の「体つき」だけで判断をするかどうかを問うてみればよいと思います。それだけではなく、その人の「人となり」も知ろうとするのではないでしょうか。先述の「体格・体力・体質」に加えて、その企業ならではの「体（てい）」とでも言うべき視点でしょう。

その基本は、「良いか悪いか」といった相対的な尺度から、「真・善・美」のまことを持った「善い」行いとは何かを考え、社会・顧客と共に未来を創造し、価値を生み出す力を評価する時代になっていると捉えるべきではないでしょうか。

第26話　企業の未来には、ふたつの「はっしん」力が問われます

日本における企業成立の時期に関する論は、さまざまあります。室町時代の商家の成立にその源流を見ることもあり、また、明治維新時の官業・民業の成り立ちを原点とすることもあります。その後の時の流れの中で今、戦後の経済復興期以来続いてきた多くの日本企業のモデルが、社会・経済環境の変革期にあって機能不全を起こし、新たな企業のあり方が問われています。

企業は何を目指すのか。どこに向かうのか。その方向が定まらぬままでは、企業自体の存在は不安定になってしまいます。本来の夢が無いままでは、組織としての活力の動機付けも希薄になってしまいます。自らの存在を問い直し、将来の組織の理想を思い浮かべるのは、何もトップだけの仕事ではありません。組織構成員一人ひとりの描く未来そのものを、考え描く時代でもあります。一般的に企業の戦略は、外部環境変化に適応すべく、自

らの資源の最適配分行動と理解されています。しかし、従来から言われる戦略構造化の論理は得てして、環境変化の読み込みと自社資源の分析に主眼が置かれてきたきらいがあります。新時代の戦略デザインには、まず夢想した未来像（ビジョン）への行動計画を描くことが第一です。

今、企業に求められるのは、まさに今世紀ビジョンの構想です。将来方向を示唆したビジョンは、経営の意志表明であり、市場との対話の基点となる発言と捉えることができます。しかも、ただ語っただけでは何の変化も始まりません。発信すると共に、動き始めること、「発進」する力が必要です。

この問いかけは、企業経営に限ることではありません。わが国自体に投げかけられていると思います。自分の在るこの国も、未来に向けた「発信と発進」の力が今、求められているのではないでしょうか。

第27話　感動する「広告」に長く出逢っていない気がします

広告という漢字があるからでしょうか、マーケティング要素のひとつとして、広告の持つ役割は「広く：広範囲」「告げる：知らせる」と理解されるようです。「広」の文字であるので、言葉の持つ意味が歪曲されたように思えます。明治初年には、Advertisingに「公告」の文字を充てていたと言われます。しかし本来は、「気付いて振り返させる」を語源としています。とすれば、「広く・多く」に意味があるのではなく、「気付かせる」ことにこそ意味があるのです。

そのような想いで、TVに流される広告を見ていると、その感動のなさに何とも言いようもなく、悲しくすらなってしまいます。続きはWebで見て下さいといった、予告編的なメッセージだけが流れるものもあります。そもそもが、TVを使って強いインパクトを提案しようとする想いを感じさせません。種類だけは多いのですが、心に残るフレーズすらない。旬と思わせるタレントを使えばそれで善しとするような表現にも出会います。

かつては、広告を通じて新しい商品に触れ、先進のライフスタイルに憧れを抱いていました。その後、企業は、自らの存在を社会に発信し、選ばれる存在になることを求めた広告を展開してきました。しかし今、広告は多岐に渡るメディアを通じて、多くの関係者とのより良い関係をつくる役割が求められています。だからこそ、一方向的なメッセージの伝達に止まらない、自らの世界への引き込みを目的としている広告に出会うことが多くなったと実感しています。

であるならば、TVの広告は、詳細な情報空間に誘うための単なるガイド役を果たせばそれでよいのでしょうか。ガイド役なのだから、表現の美しさを含めたレベルは問わず、ただ記憶の片隅に名前を刷り込むだけでよいのでしょうか。

とすれば、広告を見て感動することなど、夢のまた夢と言わざるを得ないことです。

第28話 「環境」問題は、暮らしにいきる「おもいやり」のこと

「環境」の文字に出逢うことが多くなりました。マーケティング・スタッフの仕事を通じて使うビジネス場面での環境は、まさに現在起きているビジネスの「状況」や「様相」のことであり、競争環境・業界環境・社内環境といった言葉が飛び交います。そのまま、競争の様子、業界の状況、社内の雰囲気と置き換えて解釈した方が具体的にイメージが広がります。

ただ最近は、ビジネスの環境に止まらず広い分野で「環境」の文字に出逢います。地球温暖化に代表される「地球環境」の問題。都市生活における「都市環境」「生活環境」。更には、人間関係の変化にともなう「社会環境」は、暮らしの変化を言うこともあります。親子関係や兄弟の関係を話題にした「家庭環境」。もちろん自分自身のことを言う「体内環境」「口内環境」を謳った商品広告にも出逢います。

「環境」と言われると、自分自身の身の回りに対して、常に心しなければならない「思いやり」への警鐘のようにも聞こえてきます。地球上にある諸物を傷めることなく使う心や行動。人間関係を滑らかにする言葉や行動。社会の共有物を大切にする想い。時に自分の身体をいたわる心。その全てを「環境」の言葉で収めてしまうと、先ず何をすべきか、どう対処すべきかの判断がしにくくなってしまうような気がします。

ビジネス環境、マーケティング環境もしかりです。環境変化に何をすべきか、どうすべきかを考えようとしたとき、「今起きている競争相手の動き」「自社製品の店頭での位置づけ」といった言葉に「環境」を置き換えて考えると、もう少し行動に転化出来そうです。

自分自身に起きている「環境」問題は何でしょうか。改めてデスク回りの「環境・状況」を見直してみます。

第29話　「広告新聞」を見て、新聞の役割は何かを考えました

ある日の午後の出来事。その日の夕刊は、一面の一部を斜めに読んでそれ以外は全く眼を通しませんでした。どの紙面を見ても、これ見よがしに同じメーカー、同じ商品の広告が続いたからです。新聞とは何か。新しい情報にゆっくりとアクセスして、自分なりの所感を多くの事実から読み解こうとする時もあれば、娯楽やスポーツのコメントにひと時のやすらぎを感じることもあります。しかし、当日のそれは購読者の自由な意志を全く無視した紙面でした。

広告がこの世に不要と思ったことはありません。心が豊かになることがあります。ものごとを考える糸口を教えてくれることがあります。そして何より、今までに知ることの無かったモノやサービス、そして場所や人を教えてくれます。低廉にして深みのある情報を提供してくれるメディアであり、最近の若者が新聞を定期購読しない傾向が高まっている

ことに、残念だと思ったこともあります。

しかし、余り美しくイメージを広げすぎていると、しっぺ返しがあるもの。

一社一商品の広告が占拠した新聞では、新しいことを聴こうとの思いにはなりません。眼で文字を追い、文字の刺激から自分の脳の記録が書き換えられていくのであれば、眼で聴くメディアを今の時代の中から自由に選択すれば良い、ということを教えて貰ったような気がします。じっくりと眼で読んでいても、周りの広告の色や文字が自然と眼に入ってきます。邪魔である。静寂な空間上の時間のやり取りに対して、苛立ちすら感じさせる景色になってしまいます。

新しさを集中的に説明しようとして、トライアルの需要を刺激しようとする施策に反論があるわけではありません。しかし、紙面を制覇したような顔つきの商品と、その状況を甘んじて受け容れている新聞の顔が良くないと思います。新しさを紹介した商品。少なくとも、私はその登場の場面で既に嫌気がさして、どこで出会っても買おうとは思いません。

第30話　物言わずとも語りかけてくるモノがあります

実に多くの商品に囲まれて生活しているということを、ふと実感する場面があります。家に居るときには感じないのですが、近くのスーパーや家電量販店に行き、自分の求める商品を探している時。また、ちょっと喉が渇いたので自動販売機で飲み物を買おうと機械の前に立った時。これほどまでに、似た商品が多種類あるのかと、ため息が出ることすらあります。

マーケティング・スタッフとして多くの商品やサービスの中から、自分たちの生み出したものの差別的優位性をいかに伝え、いかに理解・納得されて購入してもらえるかを常に考える者としては、これだけ溢れかえった商品の中で、有意な差を示すことの難しさを実感する時です。しかし、多くの商品が並んでいる現実を、じっと見詰めていると、中にはこれは売れないだろうなぁ・・・と思わせるものがあります。どこが悪いというわけではないのですが、何となく訴えてくる力を感じない。ただ何となく棚に並んでいる。話しかけることもなく物静かなのです。それでは、手ののばしようもありません。

一方できらきらと輝いて見えるものがあります。決してテレビ・コマーシャルで賑やかに自己主張しているわけではなく、新聞や雑誌に自分の姿をさらけ出しているわけでもないにもかかわらず、何かを話しかけてくるのです。パッケージのデザインがそのように見えることもありますし、周りに飾られた陳列レイアウトもあります。そして、そのときの状況にあった登場感も。要は、そのモノの持つ存在感です。その折には不要なものでもつい購入していることがあります。

一方、最近のデパートでは、商品は物静かなのですが、取り巻きの販売担当者がモノを言います。しかも、相手である顧客を無視した一方通行の物言いです。もう少し、静かにしてもらえないかと思うとき。人が物言わずとも、存在感のある商品は、自ら声を発しているのですから。

第31話 「きかくしょ」の意味変化は、マーケティングの進化でもあります

日本にマーケティングが紹介されて、すでに半世紀以上の時が流れました。その間に企業はさまざまなモノを生み出し社会に提供してきました。モノが不足状況の社会にあっては、同質的な商品を大量に提供することが企業の成長を約束していました。「標準・単純・専門」を合言葉に、大量生産・大量販売の仕組みが模索され、決められたことを決められた通りに実行することが、企業経営の根幹でもあったのです。そこにおける「きかく」はまさに「規格」。当たり前のことが行われるような処方が生み出されていった時代です。「きかくしょ」も「規格処」の字が充てられるでしょうか。

時移り、モノが溢れる社会になると、不要なものはそぎ落とす、捨てる技術が注目されるようになります。言葉にはならないものの、自分の好みにあったモノを求めたいとする心理が一段と高くなっていきます。ましてやこれからは、モノに対して自らの識別眼を振

りかざす多くの熟年層が登場してきます。自分規格に合わないものは排除するマインドです。決められたものを、決められた通りにつくればよしの「規格」ではなく、細やかなニーズに適応し得る「企画」が必要になります。「企画」は読んで字のごとく「企て：発想や考え」を「画す：表現する」行為です。考えたものをどのように現すにしても、他者との意味交換がなされなければ提供者の意図は通じません。考えを表現する「書き（描き）物」が必要です。「きかくしょ」は「企画書」なのです。

更に現在、人口減少が注目されています。特定の集団を対象にした市場の考えに止まらず、一人ひとりの個別的なニーズへの適応が要求されるようになってきています。モノをつくる企業サイドだけの考えを押し付けることが出来なくなってきているのです。使用者・消費者と共に何かを生み出す仕組みや場が必要です。語り合い、生み出す場。「企画所」とでも文字が充てられる創造の場が、現在の企画そのものではないかと思います。

第32話 「良品」は廉価ではなく、本来「適価」であるはずです

昭和30年代に起こった「流通革命」。その波の中で注目されたのは「良いもの、お安く、どんどん」の考え方です。「品質向上」に努力し、かつ生産性を高めるために展開されたTQC運動。その思想の背景にもやはり、良い物を安く提供するといった考えがありました。

その後の高度経済成長の中にあっても、基本的な指向性は変わることなく維持されてきたと見るべきでしょう。わが国の成長神話の裏側には、「良品を廉価で大量販売」の思想が染み付いてきたようです。しかし今、その思考回路自体を再考する必要があるのではないでしょうか。

そもそも、「良いもの」とは何でしょう?それは、自分にとって好ましいものだと思います。他人がどう言おうが、自分自身の身の回りや生活にとって欠かせないものは、良い

ものです。決して与えられるものではありません。ましてや、提供者に強制されるものでもありません。購入者自身が自分の判断で自らが決めるものです。その全ては安いものでしょうか。自分の懐との相談で決めることではないかと思います。また、今までに無かったような良いものであれば、安いことの必然性はありません。自分自身が納得するものは、高くてもいいはず。お仕着せの安さは、本来の自分をつくらないのではないでしょうか。

そろそろ、思考回路を変える時です。提供者側も受容者側も。良品は「適価」のはず。受容者は安さだけを求めているのではありません。自分にとって良いものを求めているのです。安逸なる値下げ。そして、たちまちの再値上げ。そのような行為は、提供者側の論理の押し付けでしかありません。受容者は決して望んではいないと思います。

マーケティング思考の原点ともいえる４Ｐ（Product／Price／Place／Promotion）の核でもあるProduct ＆ Price。そこには、良品廉価の言葉はありません。常に受け手の立場で、提供物の価値を見直すことを教えています。「良品」は「適価」の思考回路をもったマーケティング展開が問われる時代です。

第33話　箍（たが）のゆるみが出ると、締まりがなくなります

政治の世界での顔ぶれが変わろうが、日々の生活の顔つきが変わるとは思われない環境に長く身を置いていると、何となく発想自体が陳腐化していくのでしょうか。余り浮かれることのない話題が多く氾濫する社会です。突発的な事件や事故が発生し、過去の体系や類型では推し量ることの出来ないアクシデントとでも呼べるようなことが横行する社会になってしまったように思えます。「まさかあの人が・・・」「こともあろうにあの会社が・・・」といったコメントを耳にすることが多くなります。

今の社会に何とはなしの「ゆるみ」を感じざるを得ません。「気のゆるみ」「心のゆるみ」「油断」「慣れ」「当たり前」。警察官の犯罪、犯罪自体の凶暴化、幼児化、企業倫理観の喪失。何ともやりきれない気がします。

何かのまとまりや基点がしっかりしていないように思えるときがあります。あるモノを

あるべき姿に整える力が弱くなっているのでしょうか。まさに「箍（たが）のゆるみ」です。箍がゆるむと、木で組まれた桶は、その形を成さずに崩壊してしまいます。

一本一本の木に息吹を与え、意味ある形につくっていくには、その一つひとつを結びまとめる力が必要です。

統合（Integration）がさまざまな分野で言われています。マーケティングの分野でも、ＩＭＣ（Integrated Marketing Communication）があり、戦略の統合化の言葉もあります。それは、単に結びつきだけを言うものではありません。多様な機能がしっかりと個別の力を発揮しながら、かつ結びついて新たな力を何倍にも発揮するさまを言います。

マーケティング活動にも箍を明示することが必要です。人がその役割を担うことがあります。輝きを持つ商品（ブランド）かもしれません。そしてまた、未来に向けたビジョンがその役割を果たすこともあります。箍を感じるマーケティングには、力があり、想いが伝わるものです。

「人と触れ合う風」を聴く 22話

人は日々の暮らしで、実にさまざまな人と接点を持って生きています。人は他人の行為・動作を通じて、その人となりを想定するようです。性格はそうではないのに、ゆったりと歩く姿を見て、落ち着きのある人だと思ったり、語り口が早口な人に出会うと、何となく落ち着きのない人かと思ったりもします。人は他人を何となく見、その動作からさまざまな連想を広げていくものです。実際にもっと近づいて話してみると、連想していた像とは全く違うこともあれば、想定通りということもあります。仕事を進めているときも同じでしょう。業務そのものの内容は詳細に解らなくとも、担当しているスタッフの動きによって、業務そのものの難易度を想定したりもします。人は何気なく他人を見ているのです。

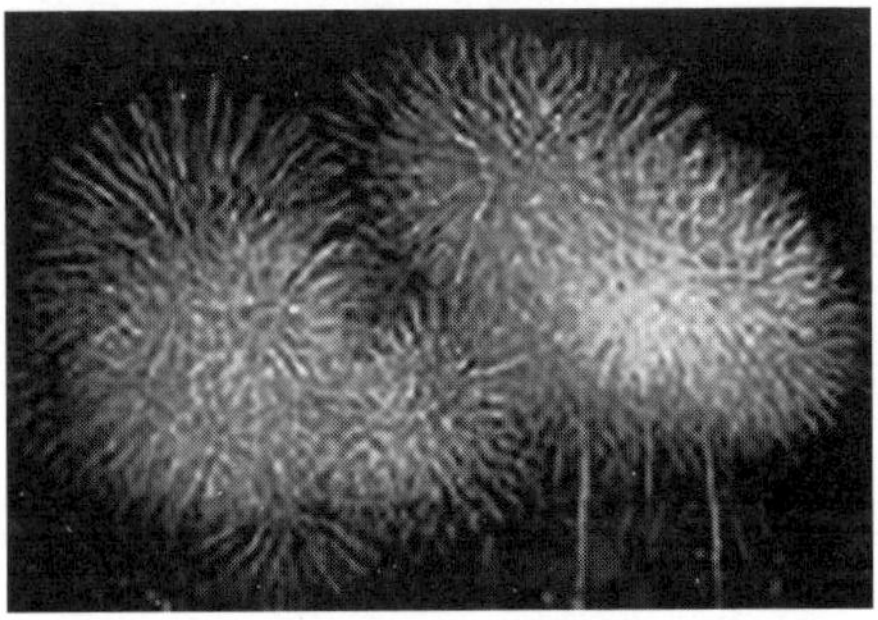

第34話　表現の違いは顧客が判別する尺度になります

月に一度のペースで床屋に行きます。床屋の主人は、私と同世代。手を動かしながら、いつとはなしに昔話をしていることが多くなります。幼い頃に見た映画の話であったり、互いの記憶を辿った街並みのことであったり、約1時間の会話があっと言う間に過ぎていきます。

その間に、店をのぞく人が何人もいます。床屋の場合には作業の段取り手順があるので、どこかの手順を抜くでもしない限り、人によって圧倒的に早く終わるということはありません。どうしても順番が来るのを待つことになります。子どもの頃は、漫画雑誌を読む絶好の時間でもあったのですが、今はどうも落ち着かない時間になってしまいます。そのような折、床屋の主人は待ち時間を、表現の違いでさりげなく伝えています。

現在整髪中の客が最終工程に入っている場合には、「少しお待ち頂けますか」と、「少し」を使った疑問形で投げかけます。中間工程くらいの場合には、「少々お待ち頂くことになります」と、「少々」をつけた説明文。さらに数人が待っている場合には、「かなりお待ち頂くことになります」と、「かなり」を使って謝罪的な物言いになります。その使い分けには、明解な時間は一言も言っていません。しかし、言葉を聞く客の方が、自分なりに段取りを予測して時間計算をしているのです。

短時間作業を売りにする床屋も、街角には多く見かけるようになりました。時を売ることも一つのサービス・マーケティングの要因です。ただ個人的には、床屋の主人のような「言葉の時間」が尺度になった空間で、しばしの時を過ごしたいと思います。そんな折は、人間性を持ったマーケティングを感じる時でもあります。

第35話 「感じる力」を高め「脳力」を鍛えましょう

最近の書店で、能力や脳力に関する書物、論文を多く見かけます。そもそも「能力」とは何なのでしょうか。

ある現象や事象を見て、何故そのようなことが起きるのか、ありうるのかを考えることも能力のひとつです。自分の体験を照らしながら、過去の同様のものを思い起こし、パターンとして認識することもあるでしょう。今まで遭遇したことのない現象や事態を前にして、途方にくれる。しかし、何とかなるのではないかと思い、考えを巡らせ、ひらめくことがあります。自分自身は体験していないことであったとしても、ふとしたことで、解決の道筋が思い浮かぶ。その背景には何が力として働いているのかを、自分自身が承知していなくても、えもいえぬ力が湧き出てくる瞬間です。決して体験や文献から得た、頭の中に蓄積された知識だけではない力が働いているようです。

長くマーケティング・ビジネスの中に身を置いていると、実にさまざまなテーマに出会います。そして、出会いの都度聞かれることがあります。「今までにこのようなことをやったことがありますか?」と。不思議な質問です。今までに誰もやったことのない分野やテーマのときにも、同じことを聞かれます。新しいビジネスモデルへの挑戦、新たなマーケティング戦略の構築・・・新たな挑戦が待っているのです。過去体験のパターン認識が出来る能力よりも、何かを生み出す力、挑戦しようとする力こそ求められるはずなのに、過去の実績事実にこだわる傾向がビジネス界にはあるのでしょうか。

過去を紐解く能力よりも、テーマを想い続ける力、現象を目前にして、何かを感じる力こそが必要なのです。何をどのように考えるべきかに対する思考のプロセスに関しては、さまざまなモデルや方法論が紹介されていますが、現在のビジネス環境で重要なことは、現象や事象に接したときに何かを「感じる力」であり、新たなものを生み出すことを感じる「脳力」が必要なのです。

第36話　「こなす」ことよりも「取り組むこと」が求められています

どのような分野にも当てはまることですが、仕事には「こなす」ものと「取り組む」ものがあります。慣れ親しんだ仕事は、どうしても日々目の前に登場してくることを、素早く手際よく「こなそう」とする意識が働きます。「今日中に目の前にある３００枚の伝票を処理しなければ」、「午前中に書類のコピーを１００セット準備しなければ」・・・といった仕事です。そこには、効率を求める意識が働いています。今まで正しいといわれてきたやり方を壊すことなく坦々と「こなす」ことが良い仕事であると評価されます。しかし、「そのやり方が正しい」ということが前提です。

最近は、それだけでは済まなくなってきています。こなす力が高まったからといって、それ程の評価は得られなくなった場面があります。昨日まで正しいと思っていたやり方が、今日からは違うことがあります。今日の経営環境にあっては、新たな方法やものの見方が求められているのです。従来型の発想だけでは、成果が期待できないことも多くなってきました。そこで必要になるのが「取り組む」姿勢です。

マニュアルがあるわけではなく、先人が教えてくれるものでもなく、自分自身が生み出すことを考えていかなければなりません。「こなす」ことは過去の結果を導き出すことが多くなります。それよりも、難問・奇問に「取り組む」姿勢が求められるのです。

どのような職業にあっても、「こなす」術を高めても、なかなか顧客満足には繋がらないようです。何よりも顧客の抱える課題に、一緒になって「取り組む」姿勢を忘れてはならない、と私は考えています。

第37話 「話題」を広げる「話材」をもつこと

毎朝のビジネスモードへの入口が、ＰＣを開いてメールを読むシーンが当たり前になってきました。電話が主流の時代では、相手の就業時間後は連絡が取れず、朝一番での連絡が当たり前でした。しかし今は、夜中の時間であっても、とりあえず連絡文だけは送っておこうとするマインドが働くようです。送信された時間を見ると、このような時間まで仕事をしていたのかと、ため息が出そうな時間のメールもあります。そして、朝から「どうでもe-mail」の山。削除するのも手間な「どうでもいい」モノばかりです。

メールに眼をやった後は、少しの時間新聞に眼をやります。ネットでも情報は入ってきますが、「受信」と言うくらい「受身」の感が強いもの。能動的に情報を獲得するマインドで新聞を読みます。まさに「見る」のではなく「読む」行為です。幾つか気になるテーマにぶつかる。そこで得たちょっとした記事が、今日の「話材」です。コラム的な囲み記事に書かれていた、新しい街のこと、店のこと、人のこと。どのひとつをとってみても、他人と会話をする際の材料になります。

仕事の上でのコミュニケーションには、「主題」に絡むさまざまな話が出てきます。何を語り合うかの基本的な題材は「話題」。その主題を語り合うだけでは、お互いの理解が進まないときがあります。コミュニケーションの場では、世の動き、人の動きなどを糧にして、話自体が円滑に進むときがあります。雑談に聞こえてくることが、ミーティングに参加をしているメンバーの相互理解を進めるものです。情報発信者の独りよがりの話では、同席するメンバーからの共感は期待できません。

「話材」を集めるには、受信のモードだけでは不十分です。積極的に情報源に働きかけることが必要です。新たに市場に投入した商品も、多くの人の「話材」になることを考えることが必要です。そこにマーケティングを展開する意味がありそうだ、と私は考えています。

第38話　価値への対価は「渡す」もので「ほうる」ものではありません

お金は「渡す」ものであり、「ほうる（抛る）」ものだとは思いませんでした。

最近のファストフードでよく体験することです。○○バリューのセットを頼む。バリューというからには価値あるものが登場するはず。胸躍らせながら待つことしばし。余り重みのないトレイに、紙にうやうやしく包まれたハンバーガーと熱々のポテト（時折冷めているのにあたることもある）、そして好みのドリンクが乗っている。「なるほど、これがバリューか」と納得顔で支払いの準備をします。あいにくと小銭の持ち合わせがない。バリュー（価値）あるものを頼んだのだからと理屈をこねて、おもむろに1万円札を渡す。「1万円入りま〜す。」と元気な声。つり銭の準備です。「では、大きい方から・・・1千、2千・・・」先にお札が渡される。さてこれからだ。「細かな方、○○円」と言うが早いか、コインが私の手のひらにほうり込まれます。

その行為は、決して金銭の授受をしているといったものではありません。小石をほうり投げている行為です。これでバリューか。底が浅いものだと、これまた納得してしまいます。

お金をほうり投げるのは、私は正月の初詣やその他の機会に、神社仏閣での賽銭の時にしか体験しません。投げ銭は銭形平次の専売特許。金銭は、やり取りされて初めて、その価値を感じるものです。

バリューを売り物にするのなら、対価をほうるのは避けた方が価値（バリュー）がある、と私は思うのですが。

第39話　「なり・ふり」をわきまえることもマーケティングの表現です

初めて出会った人と会話をするとき、人は相手の何を見てその人となりを見極めていくでしょうか。お互いが知り合うと会話も弾みますが、知らぬ者同士だと、いらぬ気遣いをして会話が終わってから何とは無しの疲労感が残ったりするものです。

ビジネスの慣行として、先ずは名刺交換をしながらお互いの名前と所属を語り合う。自分の担当している職務内容を、かいつまんで説明する。今までのキャリアをとうとうと述べる人もいます。聞いていて疲れてしまいます。そんな時、相手の「なり」を見ることがあります。高価そうなスーツを着込んでいるとか、いかにも不釣合いなネクタイをしている・・・といった見方ではありません。「なり」とは「形」であり「態」です。その人の外観が醸しだしている雰囲気とも理解できます。カタチを見ていると、その人の背景までが読み取れるものです。例え元気そうな顔をしていても、その場に不釣合いな「なり」をしていると、却ってしらけてしまいます。顔は笑っていても、その「なり」からは本心とは思えないといったこともあります。

あわせて、人は相手の「ふり」も見るもの。どのような振る舞いをするかの、細やかな目線が働きます。「ふり」は「振り」であり「風」です。その時々の対応の姿勢とも解釈できます。たとえ身なりは良くとも、その場の雰囲気にそぐわない態度や行動は、その人の今まで歩んできたキャリアさえ想像させてしまうものです。

その場で、いかに自分があるべきかを考えられない人は、それこそ「なりふり構わず」勝手な行動をとってしまうことになってしまいます。

現在のマーケティングは、モノの交換を論ずるだけではなく、人と人、企業と人との関係を論ずるようになってきました。今まで以上に、その場に適合した「なり」と「ふり」が、企業にも個人にも問われる時代なのです。

第40話　敬称は人間関係の距離をはかる尺度です

　仕事をしていると、自分の名前にさまざまな敬称がつきます。「～君」「～さん」「～社長」「～先生」そして呼び捨ての「～」。どれもそのときに応じたもの。したがって、そう呼ばれる自分も、そのときの気分になります。

「君」と呼ばれるのは、先輩・上司などの上からの呼び掛け。またある時は同列関係の仲間からの声掛け。共にさしたる緊張感はなく、即座に気軽な会話の中に入っていきます。

「さん」と呼ばれるのは、仕事関係での社外・社内のミーティングの時。スムーズな時には、ごく普通に日常的やり取りが続きます。

「社長」との声は、組織上下の関係を他者が計りながら掛ける挨拶的な声。どうしてもかしこまって、何となく相手との距離を見計らった会話になるもの。時に「先生」と言われることがあります。そもそも、職業として教壇に立ってものを教えているわけではないのですが、自分の仕事の中で、講演をしたりワークショップを展開する時の呼びかけです。何となくかしこまって議論を始めたり、不明な点への質問をしたりと、上下の関係が見えてきます。

　自分の業務の中では、もちろん「さん」付けで呼ばれることが圧倒的に多く、次に「先生」でしょうか。個人的には、全て「さん」付けで良いと思っています。ある一定の距離感がそこにはあります。また、上下関係を余り感じません。壁を隔てて、お互いに考えを膨らませようといった印象があるからです。

　年に一度、私が幹事役で大学のゼミ同期会をやっています。ギターが得意だった者、長髪を自慢していた青年・・・。今や皆おじさん。その空間でのやり取りは「敬称略」の呼び捨て。垣根も壁もありません。そんな空間にいる自分の顔は、時を超えた学生の顔をしているのでしょうか。

第41話 「ひと味」の違いが結果を左右します。まさに「決定力」の差です

オリンピックをはじめとして、世界が注目するスポーツイベントでは、どうしても日本選手の活躍を期待します。しかし団体競技でよく聞こえてくる言葉に「決定力不足」という声があります。

同様のことは、ビジネスの現場でも良くあることです。「考え方はうまく決まったのだが、最終的にお客様に納得を得られなかった。」「そこそこの評価はあるものの決定するまでには至らなかった。」といった声です。当人は精一杯の努力をしたとの思いはあるのですが、結果が出ないケースです。「ビジネスは結果が全て」とは思いませんが、それなりの成果が出ないのであれば、企画し実行したこと自体がビジネスとして成立しなくなってしまいます。

例え事前の準備で、どれ程の時間的な頑張りを見せたとしても、その「時間」に対して

は「ご苦労様でした」の声しか得られません。「ありがとう」と握手を求められることはないでしょう。決定力は、そのプロセスの評価ではなく、結果に対する評価です。としたならば、プロセス自体を組み替え、見直していくことが必要になります。何も、日々の仕事全てに結果を求めているわけではありません。しかし、営業であれば「成約」、企画のスタッフであれば「採用」、企業全体で見れば「(目標)達成」が決定すべきことです。その一つひとつに、どのように取り組むのかが問われます。決め手になる「ひと味」を生み出す力です。

決めるべき場面を想定して、日々120%の力を出すことを実行しなければ、決定の場においては100の答えが出ないと思います。スポーツでもビジネスでも、蓄えた120%の力が噴出する「ひと味」の場面を大切にしたいものです。

第42話　「差別的競争優位性」を考えるのはマーケティング脳です

　私のオフィスがある地域内には多くのビルが立ち並んでいます。その影響でしょうか、ビジネスパーソンを対象にしたコーヒーショップが林立しています。徒歩1分圏内に「ドトールコーヒーショップ」「タリーズ」「エクセルシオールカフェ」「シャノアール」。2分圏内に「スターバックス」3分圏内に「サンマルクカフェ」と続きます。

　それぞれの店舗が、我こそが王道の「コーヒーショップ」であるかのごとき存在感を示そうと、他店（社）と何がしかの差別性を打ち出そうとしているようです。「ようだ」と断るのは、一消費者としてみれば、特段の差をコーヒーの味以外では感じないからです。

　コーヒーは嗜好品。味の好みがはっきりしています。個人的にブラックで飲むことが通常の私にとっては、香りは勿論、それ以上に程よい苦味が好み。余りローストの強いものは好みの中に入りません。したがって利用する店も自ずと決まってしまい、他の要因は、さしたる差別性を感じさせるに至りません。

競争において、他との優位差にしのぎを削ることがマーケティングの第一歩と見ると、林立するコーヒーショップの差別的優位性はどこにあるのでしょうか。「空間的ゆとり」「人的サービス」「メニューの豊富さ」「立地（便宜性）の良さ」「商品提供の仕方」「価格の適正さ」「支払いの容易さ（カード利用）」・・・思えば多岐にわたります。

しかし、ここ最近はコンビニ・カフェが１００円。価格の差に見合った差別性を考えるマーケティング脳が決め手になりそうです。

第43話 「成功」の対語は「不作為」。「なせばなる」の志が大切です

一年に数回のマーケティング・ワークショップで、多くのスタッフと出会う機会がありま す。年齢も様々、分野も様々。それだけに新しい出会いを感じさせ、またその会話の中で普段余り聞くことのない言葉に出会うことがあります。特に自分が展開するワークショップの多くは、新しい市場の開発計画であり、新しい営業の仕組みづくりです。過去のモデルを大切にしながらも、余りそのこと自体にこだわることなく、今までにないスタイルを生み出そうとすることが主題です。そこには、各スタッフの「想い」が主体になった企画案が多く登場してきます。

想定した企画案件が、どれもこれも魅力的というわけではありません。中にはどう考えてもうまくいきそうにないものもあります。いくらマーケティングの答えは市場に登場した後の顧客の反応によって決定付けられるとは言っても、計画段階から、どうにも浅はか

なものもあります。しかし、そのような案件の中でも、担当者の一言で評価自体が変わってしまうことがあるもの。

最近の体験では、ある新事業案件を考え出したスタッフの「なせばなる」との力強い一言。久々に耳にした言葉です。確かに企画内容は、まだまだ練りこみが足りない部分もありました。しかし、その一言で、もう一度考えを進めてみようという気になりました。最近は、考えたのだが、今一歩のところで熱が冷めてしまうマーケティング・スタッフによく出会います。今一歩、もう一歩の力強さがないのです。それが「なせばなる」と聞き、一歩前に進む力を感じました。

「為せば成る、為さねば成らぬ何事も。成らぬは人の為さぬなりけり。」

何も考えずに進むのは無謀。しかし、ある程度考えたならば、評論はせずに先ずはやってみる。「不作為」はマーケティングでは許されない行為であることを再確認する、力強い一言でした。

第44話　車内観鏡（かんきょう）行動は、現代生態のひとつでしょうか

通勤時間はほぼ1年365日変わらないので、毎朝合わせる顔も殆ど同じです。いつもの位置に立っていると、やはり同じような時刻に見慣れた顔が並んでいます。しかも、その仕草も殆ど変わりません。電車に乗り込むやいなや、直ぐに新聞を広げて読む人。スマホの画面を一心に見つめてメールを読む人。夜勤明けであろうか、朝から缶ビール（発泡酒）を飲む人。朝から既に帰路を夢見ているのか、布団からそのままの姿で車内に居るような寝姿の人。十人十色の花盛りです。

しかし、中にいつもとは違う姿が混ざっていると却って奇異な感じがしてしまいます。見慣れるということは、自分の視野にある人の姿が固定的な景観になっていて、違った姿が気になるものです。

故郷に帰るのでしょうか、大きな荷物を持ち、子どもの手をひいた母親。通勤時間には

余り乗り合わせることのなかった高齢の人。

そして、これから街に繰り出すと思しき若い女性集団。車内に空白の場所があると、競うように着席。そしてさまざまな小道具を取り出す。目の周りや眉、そして髪の周りがよほど気になると見える。揺れ動く電車などものともせず器用な手さばき。ビューラーをとりだし、まつげが気になるようです。マスカラをつける。勿論一方の手には手鏡。集団の中の個人技が延々と続く。見るでもなく、その動きが自分の目の中に入ってきてしまいます。もう終わりかと思うと、今度は眉が気になるらしく、アイブローを使い出す。よほど手先が器用な人たちと見受けられます。小さな鏡には何が映っているのでしょうか。まさに「車内観鏡」の集団です。

他者との深いコミュニケーションをしなくなったような現代人。集団において持つ鏡。その鏡の中に何を観るのでしょうか。

第45話　マーケティングの思考や実行は、顧客が育てるものです

いつ行っても人だかりの絶えない店もあれば、いつ覗いてもひとりとして客の姿を見ることのない店があります。当然、前者の店には何気ない活力が感じられ、後者は薄暗い印象を与えてしまうもの。なおさら、外からの景色を見ても足を踏み入れようとする気が起きてきません。顧客と店との間に、循環する息遣いが感じられないのですから、例えその店ならではのオリジナルなものがあったとしても価値はないでしょう。

それに比べて客の賑わいを見る店は、その店を飾る壁面の絵や小道具、働く人のごく普通の振る舞いまでが、他の店とは違った印象を与えるのですから不思議です。さしたる料理でもないのに、さながら料理の載った皿が何かを語りかけてくるようにすら感じます。空気自体に活気を感じさせます。店サイドが意図して生み出していることもあろうでしょうが、それ以上にこれは、一方的な店サイドの操作によるものではなく、その店にいる顧

客が生み出しているようです。

企業の提供する商品やサービスも同様です。例え、つくる側が納得して「これこそが最高のもの」と思っても、購入者・使用者側がその良さを評価しなかったならば、単なる企業サイドの独り善がりに過ぎなくなってしまいます。その逆に不安半分で上梓したものが、多くの顧客に支持され成長していくこともあります。

営業担当者の成長過程にも、同じことが見られます。一生懸命に自分のことを売り込もうとする動き。商品説明に汗を流す姿。そのスタイルに共感をもってくれた顧客が、ある時は厳しく、ある時はやさしく導いてくれることがあるもの。顧客との関係を励みに、営業担当者も自らを磨こうとします。芸人の世界も同様で、見る人、聞く人がその芸人の芸に磨きをかけます。

マーケティングは、まさに顧客との関係を生み出す思考と行動の体系です。「生み出された商品やサービスは顧客が育てるもの」との謙虚な姿勢が求められているのです。

第46話　思い遣ることを通勤電車の「The　席」が教えています

長く東京に住み、自分のビジネスの拠点も変わらずに、ほぼ毎朝のように同じ時間の電車に乗っています。毎朝恒例の通勤風景の中に自分がいて、周りも見慣れた顔が並んでいます。昨日も今日も同じでしたが、座席の占有の仕方もさまざまであることを、ふと思うことがあります。

最近の電車の座席は、色が違っていたり、一人ずつの占有領域を示すくぼみのあるものもあります。此処があなたがシェアすべき領域ですと、"The　席"を明示しているようです。

しかし、世の中そうはいかないのが通例。一人で二人分。一人で1・5人分。ちょっと、ほんの5センチ移動するだけでゆとりは生まれるのに、頑として席を占有する輩。髪の乱れをなぜか気にしながら、新聞を広々と広げ読む1・5人分の女性。何とも不思議な光景です。

他人を思うということを忘れてしまったのでしょうか、現代の都会人は。そんなことを考えるよりも、今日の自分の仕事や試験問題の方が大事なのでしょうか。沈黙の続く電車の中で、思いは広がっていきます。

自分が下りるべき駅に着く。「忘れ物はありませんか・・・」と元気の良い車内アナウンスが聞こえてきます。そそくさと出口に向かう群集。

今朝もまた多くの人が大事なもの、他人を思い遣る心を忘れているような気がしました。振り返ってみる電車の座席がそう語っているような気がします。

第47話　相手との「距離」を測ることが顧客関係を深めます

初めて会ったにもかかわらず、言葉遣いが馴れ馴れしい人がいます。ビジネスの関係もそうですが、デパートをはじめとして幾つかの店でそのような体験をすることが多くなったように感じます。店に入って、品定めをしている最中からもう友だち。「これなんか良くない？」と語尾の上がった節回し。「ちょ～似合ってるよ」と若者から励ましの言葉。途端に購買意欲が減退します。

ビジネスの関係もしかり。出逢った最初は、おもむろに名刺の交換があり、何となく、お互いが丁寧語でプロジェクトの進捗などをやり取りします。しかし2度目のミーティングがいけない。既にして友だち。「あ～、こないだはど～も。あの件、出来てる?!おーっ、さ～すが～」。何がさすがなのか、当方は当たり前の自分のペースで仕事をしたに過ぎない。特別に驚いてもらう必要も無い、ごく普通のことです。しかし、30代前半と思しき男性にとってみると、時間通りに出来上がることは凄いことらしい。何とも言えぬ認識のギャップです。

最近は、親しくなることの履き違え状況によく出逢います。親しさと馴れ馴れしさの履き違えでしょう。親しい関係とは、相手の様子や心情までも深くかかわりを持って知ることにより生まれる距離です。これ以上のことを言っては、相手は傷つく、あるいは自分自身が誤解される、といった一定の距離の中での想いが錯綜するもの。だからこそ、ビジネス上の関係が長く続くことにもなるのです。ずけずけと、容赦なく人の感情の中に土足で入ってこられたのではたまりません。親しさを超えた馴れ馴れしさです。

馴れ馴れしい言葉遣いや態度を示すことが、相手との近接関係になると考える者もいるようです。しかし、そこに感情のやり取りは見受けられず、一方通行です。自らの価値観を押し付けようとする意図すら見え隠れします。相手を知ろうとする意識が薄いのです。

マーケティングの原点は、顧客の理解に始まります。顧客との距離は、馴れ馴れしく語りかけることではなく、先ずは自らの顧客の存在を知り、相手の立場に立って語りかけることにあるのですが。

第48話 「さん」付けは、時と場をわきまえないと単なる記号です

新聞折込チラシの中に、小さな店のオープン案内を見て思ったこと。隣の駅の近くで、、略図が掲載されています。駅前の商店街を抜けたＣＶＳの少し先。しかし、その地図が何とも見にくい。サインになる他店の表記のわかりづらさが原因のようです。ＣＶＳの固有名詞に「さん」付け、飲食店の店名にも「さん」が付してあります。「セブンイレブンさん」「中華○○さん」、角にあるのが、ビューティサロンの「○○美容室さん」。他者に敬意を表したつもりでしょうが、そのことに、どれ程の意味があるのか疑問です。

確かに新しい店にとってみれば、その地域の新参者であり、周囲に気を配るという考えもあるのでしょう。しかしそれは何のため、誰のためなのか。チラシそのものの目的は、ご近所への気配りではなく近隣住民への挨拶、顧客化へのお願いであるはずです。してみると、敬称をつけるべきは来店頂いた顧客に対してです。

TV番組を見たり若者の会話を聞いていても、時に「OLさん」という言葉を耳にします。Wikipediaによれば、「OL」とは〝女性の会社員や事務員〟を意味する和製英語とあります。そのまま日本語で言えば「事務員さん」です。「魚屋さん」「八百屋さん」「歯医者さん」のような、店や職業の種類に「さん」を付けて固有名詞に近づけて親近感や敬意を表現することは昔からありました。ただ、いかに一般名詞に「さん」を付けても、「OLさん」では固有名詞化することはありません。ましてや、敬意を表する想いは感じさせないもの。「OLさん」があるのであれば「サラリーマンさん」と「さん」を付けても良さそうですが、ごろが悪いのか、そのような言い方に出会ったことがありません。

その昔、夜の街では道行く人を捕まえては、誰かれ構わず「社長さん」などの呼び込みの声が聞かれました。してみると「OLさん」も、さしたる考えも無いままの普通名詞かと思えます。

日本語の乱れといったレベルではなく、時と場にかかわりのない日本語が氾濫しています。自らのレベルで、時と場をわきまえた日本語を発していきたいと思います。

第49話　体言だけのやり取りでは、会話に情緒がなくなってしまいます

日本語の文法は「尾括（びかつ）文」といわれ、結論を最後にもってきます。自らの意志を告げるのも、英語に代表される「頭括（とうかつ）文」のように、主語＋述語といった端的なものではなく、案外持って回ったような言い方をすることがあります。だからこそ、最後に発する言葉が他人の心に強く残って、発信した人自体への評価に繋がったりするのです。

「あの人は優しい人だ」とか「きつい人だ」といった言い方も、案外最後に発した言葉の強弱で評価されていることがあります。

言い切りの言葉は、聞く側にとって強い印象を与えます。状況を語る場合にも、「市場の停滞が続いている」という表現よりも、「市場状況は停滞」と体言で切った方が強く感じます。ビジネス・プレゼンテーションの際でも同様のことが言えますが、ところが最近

は、日常の会話の中で体言止に多く出会います。ファストフードの店先では、日常茶飯事です。

「コーヒー。ショート。」とオーダーする客。「120円になります。」と店側。なぜ「〜になる」のだろうかと首をかしげていると、続いて客側が「あっ、それとポテト」。「サイズは?」と店。「M」。文章にすれば紙一枚も要さず、たかだか数行で終わってしまいます。それほど、口を開くのが億劫なのかと思ってしまいます。メールやLINEのやり取りに慣れ過ぎたのか、短文の、と言うよりも単語でのコミュニケーションです。体言止の前の、「体言」だけでのやり取り。言葉に情緒を感じません。

マーケティングは、ある現象や事象を説明し、未来を読む思考と表現の体系です。とすれば、単語のやり取りだけでは説明しきれません。聞く側に心地良く、かつ理解を進めることが出来る表現を、体言だけに頼らずに表現する力が、マーケティング・スタッフには必要なのです。

第50話　サラリーマンとビジネスマンの違いは何でしょうか

古い話ですが、昭和30年代に流行った歌に、植木等が歌った一連の「サラリーマン讃歌」があります。曰く♪サラリーマンは気楽な稼業・・・・♪わかっちゃいるけどやめられない・・・・♪そして、当時の東宝映画には「社長シリーズ」や「サラリーマン出世太閤記」のような、会社勤めの楽しさ、つらさ、面白さを謳った喜劇に人気がありました。すでに何年の時が流れたでしょうか。何となく悲哀を感じさせながらも、その響きには今の状況から逃げることの出来ない何かを感じさせる単語として「サラリーマン」があったように思います。

そして今も、「サラリーマン減税」や「サラリーマン年金」と、やはり普段の生活がにじみ出るような呼称です。職業を言っている言葉ではありません。働いたことの対価として俸給を得ている「サラリー」を貰っている人々を「サラリーマン」と言うのでしょうか。

あまり前向きな印象ではありません。何を対価物として供しているのかがはっきりしないからです。労働力・労働時間といった、どちらかと言えば「人力」を対象としているように感じてしまいます。

その言葉と対峙するように、最近は「ビジネスマン」が良く使われます。本来的には実業家でしょうが、仕事をしている人といったダイナミックな印象もあります。サラリーマンが状況的であることに対して、ビジネスマンは行動的です。やっていることの内容まではわからないものの、イメージで言えば、決められたことを所定時間内に仕上げるだけのルーチン業務に限らない領域にまで、行動範囲が広いようにも感じます。

サラリーという対価を主にした言葉。ビジネスという仕事を主にした言葉。「サラリーマン」は思い至る先には「自分の生活」があり、「ビジネスマン」のそれは、「人生を描く」想いにあるようにも解釈できます。個人的には対価意識よりも業務意識の方が強いのですが、あなたの思考はどちらでしょうか。

第51話　「今時の・・・」が持つ意味は何を表わしているのでしょうか

農業技術の進化や国際的物流ネットワークの整備があるからでしょうか、最近のスーパー店頭では本来持っていた季節感とは異なる果物が多く並んでいます。ブドウといえば「秋」であったと思うのですが、4月にも味わうことが出来ます。イチゴといえば「春」を告げるものと心得ていましたが、今は真「冬」の時から店頭に並び、Xmasは勿論のこと、正月の食卓にすら並んでいます。5月にはスイカ。スイカといえば「夏」の風物詩。幼い頃は、外で遊びまわって帰ると、流し水に浸ったスイカを切り分け、頬張ったものです。

「季節の果物」という言葉自体が、既に時代を言い表していないのかもしれません。季節感と言うよりも、今店頭に並んでいるものが「今時の果物」であって、四季折々の感性などは問わないのかもしれません。とは言いつつも、自分自身が味わったものは、その折の心象風景と共に浮かび上がってくるもの。「5月の西瓜」はそれなりの味が保証されているのでしょうか。少しは気になります。そこで、商品を並べている店の責任者と思しき人に聞いてみる。「このスイカ、甘いですか・・・?」と。売り手からは、「そうだね、まぁ、今時のスイカだから・・・」とのコメント。

そのこたえをどう解釈するかは、客サイドの私の判断に任せられます。ただ私には、「スイカは夏。今は決して夏じゃないのだから、季節を実感することは保証できないけれど。」と聞こえます。「今時の」の解釈は実に多岐にわたるもの。とすれば、「今時の若者」や「今時の会社」といった言葉には、どのような意味が隠されているのでしょうか。「以前に比べれば・・・」でしょうか「本来は・・・」でしょうか。

過去にこだわることを善しとはしないものの、季節を感じる暮らしはしたいと思います。とすれば、自然の営みを通じて知る「今時の・・・」は何をもって知ればよいのかと、ふと思う店頭に並ぶ果物たち。

第52話 「郷に入れば・・・」を伝えるのは、自分の心と行動だと思います

日常はほとんど私鉄を使って移動しています。週末といっても、各駅での乗降の混雑は普段とさして変わることがありません。しかも最近は、目的の駅で降りようとしても、ドアの側から決して離れることなく、頑として動こうとしない御仁に出会う頻度も高くなり、なかなか人の合間を縫って器用にステップを踏んでいかないと、所定の時間内に乗り降りが完了しないことすらあります。

土曜日の日中は、ウィークデイよりは若干処しやすいかと思っていても、今度は若い学生や子供づれの登場で、やはりなかなか思うようにはいかないもの。

最近の土曜日に出会った私鉄駅での出来事。

いつものように電車が駅に滑り込む。幾つかの地下鉄が交差する主要駅です。降りる人も数多い。ドア近くに立っていた私も、一旦降りてから再度乗った方が邪魔ではなさそう

だ。降りようとした時に青い眼の少年と眼が合った。小学校高学年か中学生くらいに見えた。降りてくる人の間から乗り込もうと身構えている様子。その時、少し遠くからの厳しい声"Stop!"。彼の母親であろう。「ドアの横に立って道を開ける」ように指示している。少年は素直に通り道を空けて側面に立った。私は彼の眼を見て微笑みました。

再度乗り込んで、私が降りる駅。ここもかなりの混みよう。さあ着いた、の思いでドアの方に進む。今度は日本人の少年が脱兎のごとく乗り込んでくる。まだ、多くの人が降りる途中である。少し遠くから厳しい声が聞こえる。「早く！早く！」。どうやらその子どもの母親らしい。「早く乗り込んで席を確保する」ように指示している。

日本人の道徳心とは何なのでしょうか。「郷に入れば郷に従え」＝"When in Rome, do as the Romans do."

さあ、われわれは日本の日常的な道徳心を、どう伝えれば良いのでしょうか？

第53話　意味を知ると、漢字一文字でもコミュニケーションは可能です

　文字は長い歴史と共に形成され、その時代時代の解釈が加えられてきました。現在では、略号や短縮文字が横行しています。そして漢字を手で書くことを忘れてしまうほど、コンピュータ化が進んだオフィス環境です。ますます文字を介しての意思伝達ではなく、記号を介した意思伝達が主流を占めるのでしょうか。心の奥底にある自分自身の意思や強い想いを言葉にして表明することは、なかなか至難のことです。言葉を知らなければ、それだけ薄っぺらな表現になってしまい、ことの本質を伝えきれないことも多くなってしまいます。それだけに、文字の持つ意味の広がりを多く知っておきたいと思います。

　マーケティングの分野にあっては、特にカタカナになってしまった言葉が多くあります。マーケティング自体がそうですが、マーケット・セグメンテーション（市場細分化）／ＰＬＣ（製品寿命）／ＣＳ（顧客満足）／３Ｃ（顧客・競争・企業の分析：漢字の頭文字で

3Kでも良さそうです)・・・。何もカタカナ語が悪いわけではありません。意味共有ができるのであれば、カタカナ語にも意味はあります。しかし、漢字には一文字で全てを表現するほどの力があるもの。

毎年12月にその年を言い表す漢字一文字が発表されます。ただの一文字ながら、何となく時代の雰囲気を感じるものです。今年は、どのような漢字が世相を現すのでしょうか。

文字の持つ原点的意味には深さがあります。意味があるからこそ、たかだか一文字が多くの連想を広げていくのです。コミュニケーションは本来、お互いの意味共有の行為です。記号のやり取りも良いのですが、それだけでは本来的な意味が通じ合っていないこともあります。私自身、拙いながらこの私論で、表層に流されない本来的な意味解釈を求めていきたいと思っています。

第54話　無関心・無表情を「BUSU」と言います

いつからだろうか、この国に住む人たちが発する言葉が少なくなってしまったように思います。身の回りに起きていることに無関心になってしまった。そして、無表情になってしまいました。ほぼ毎朝のように、雑踏の中を決まった通勤路を行きますが、東京では、好むと好まざるとにかかわらず多くの人と接触してしまいます。大きな荷物を持つ時には、荷物同士がぶつかってしまうこともあります。その折の、お互いの振る舞い方が、自分の知る昔の光景と明らかに異なります。無言の状況が続く。ちょっと不愉快そうに顔をしかめる人もいますが、多くは無表情。

何も好き好んで人にぶつかっているわけではありません。他者の荷物に悪意を持ってぶつけているわけでもありません。不可抗力のなせる業です。しかし、お互いが一瞬でもちょっと嫌な気分になっています。であれば「失礼しました」や「ごめんなさい」とお互いが声を発し合っても良さそうです。満員電車で目的の駅で降りようとする。ドアの周りには、その場所から何が何でも動こうとしない人がいます。ちょっとした動きで、人の流れは圧倒的に楽になるにもかかわらず、微動だにしません。摩訶不思議な光景です。

他者やその時の状況を見ようとしません。無関心を装う人に多く出会います。自分さえ良ければ・・・の思いなのでしょうか。人は、人との関与によって初めて「人間」になる筈ですが、どうやらその考えがあてはまらなくなってしまったのでしょう。

無思慮・無感情・無表情の人を「ぶす」と言います。感情の高ぶりや、心の動きは普通であれば表情に出ます。それが無い状況は、まさに動きの無い能面そのものです。能面も、その動きによって感情を知ることが出来るのですが、それすらもありません。

気に掛ける範囲が狭くなったのでしょうか。そのようなことすら思わなくなってしまったのでしょうか。今、この国に「ＢＵＳＵ」が多くなってしまいました。前を向いて、次を信じて汗する国民性の喪失でしょうか。今朝も何人かの「ＢＵＳＵ」に出会った自分が、せめて「ＢＵＳＵ」にならぬようにと気にする時です。

第55話　「顔立ち」は変えられませんが、「顔つき」は変えられます

中学生の時以来、通学・通勤路に渋谷があります。ほぼ毎日の交通アクセスの拠点です。そして様々な人に出会います。特に土曜日ともなると、ビジネスパーソンの集団よりも、圧倒的に学生を含めた若者たちとすれ違います。最近はちょっと歩きにくくなったように思います。意識・無意識に関わらず、すれ違いざまに人とぶつかってしまいます。決して私の歩く速度は遅いほうではありません。逆に、それほど急いでどうする・・・の声が聞こえてくるような歩き方です。前が見えないからでもないのですが、どうやらスピードが違うようです。一群の若者たちが、ゆっくりと前をさえぎりながら歩いています。無目的な歩みは、思考回路を瞬間的に停止したように見えます。

今の時代に真剣に立ち向かおうとする、力に満ちた眼に出会わないのです。「顔つき」がゆるい。何となく風に吹かれているような顔つきが多いようです。何も毎日・毎時間難

しい顔をしている必要はありません。しかし、思考の回路やその想いはどうやら顔に出るもの。端正な顔立ちながら、何となく茫洋としていると、茫洋とした顔つきになります。真剣に今と未来を考えていると、いかつい顔立ちでも未来志向的な顔つきになるもの。

　経営者の顔つきも同様です。ここ数年、企業の倫理観が問われるような出来事が多く表出しました。その都度、トップが打ち揃って頭を下げ「ご迷惑をお掛け致しました」と言う。その言葉の空疎な響き。人が真剣に非を認め、謝るときの顔つきではないように思えることがあります。「顔立ち」は生まれ持ったもの。小顔が流行ろうが、そう易々と自分の顔立ちを変えることは出来ません。しかし「顔つき」は違います。その折々の自分自身の想いが表出されるものです。

　マーケティング・スタッフは、さまざまな商品やサービスを創出し市場（顧客）にその是非を問う立場にあります。その際に、商品の「顔立ち＝見かけの良さ」ばかりに目をやっていないでしょうか。それ以上に、時代の風を受けながらも、堂々と凛とした姿をみせる、その時々の「顔つき＝裏づけを持った良さ」を考えることが必要ではないかと、私は思います。

「街や店に漂う風」を聴く 14話

今を生きていながら、日々のちょっとしたことに変化を感じることがあります。今まで自分なりに当たり前と思っていたことが、そうではない状況として見えてくる時、何故だろうと不思議な想いが巡っていきます。そのきっかけが何であったのかが、後になってわかることもあります。社会の変化は、時計の秒針のようにコツコツと眼に見えて動きのわかるものと、長針的に日々の変化に眼をやるもの、そして短針的に何となく気がつけば変わっていたということがあるものです。それ程の昔ではない「昭和」という時代には、この国に「世間」というお目付け役がいたように思います。どうやら最近「世間さま」はどこかに行ってしまって、あたりかまわぬ気風が覆っているようにも感じることがあります。

第56話　地域の風土を感じさせるのが「地域ブランド」です

ご当地商品、産直商品、産地ブランド・・・地域を売りものにしたモノやサービスが沢山あります。出張の都度、その土地の生活を少しでも覗こうと思いコンビニエンスストアに立ち寄ります。そして、がっかりしてしまいます。東京で日常触れている商品、いつも飲んでいる飲料、間食用のスナックと、どれも見慣れたものばかりが並んでいます。ある地に来ているとの想いが、一気に冷めてしまいます。オフィス近くのコンビニエンスストアを覗いた時と同じ自分に出会ってしまうからです。「地域モノ」とは「地域の文化」を色濃く出しているのではなく「地域」を中央の消費地で売るための記号でしかないのでしょうか。

エリア・マーケティングという考え方があります。限定された地域の風土・文化に合わせ、そのエリア内の生活環境にマッチしたモノ・サービスの提供によって、地域を基軸とした経営の効率・効果を高めようとする行動です。そこには、地域の香りがあります。そこに住む人の顔が見えます。薄っぺらな言葉ではない、かの地に根ざした歴史と、えも言えぬ重みがあるもの。「地域」とは文化そのものではないでしょうか。エリア・マーケティングは、まさに生活文化を活かした経営を実践することと理解できます。

昨今の「ご当地」「産地」モノには、どうやらそのような文化性が乏しいように感じます。上辺の記号としての「地名」とその地名から連想される一片のイメージを記号に置き換えて、商品やサービスの開発にあてているように感じてしまいます。売るための手段としてみれば、決して否定すべきものではないでしょうが、正しく「地域文化」を知らせ、共感者を募って欲しいもの。「地域を」売りものにするのではない「地域が」発信するマーケティングを実感できることを期待しています。

第57話　「変えず・変わらず」にあるときに常識を見直してみる

新しい年を迎えると、何事にも気分一新したくなるのが人の常なのかもしれません。しかし最近は、必ずしもそうではないケースに多く出逢います。「正月気分を感じない」といった声はよく聞くことですが、街の動き自身が日常とさして変わらぬ動きを見せているからだと思います。かつては、正月は多くの店がシャッターを閉め、少なくとも元旦には、家の物干しに洗濯物がぶら下がる光景は殆どありませんでした。日常の時の流れや作業を止めて、過ぎた年を省みて、合わせてこの年への想いを馳せるのが通常であったように思います。

しかし今、街は通常の時の流れで動いているように見えます。店もいくつかは開いている。コンビニエンスストアは大晦日も元旦もなく、煌々と電気がついている。日常の食品が、何事も無いように平然と並んでいる。何も普段と違うことをしなくてもいいではないかと言われているようです。正月気分というのは普段とは違うと思うのですが、街の景観が一気に変わるわけではなく、日常の延長線上に正月があるようです。

時の流れをたまに止めてみるのも良いのではないかと思います。今までとは違った世界が見えてくることがあるもの。通常の生活では殆ど縁のない神社仏閣に足を運ぶ。改めて、清新な気が宿る気分になります。お参りの帰りに、普段立ち寄る店が閉まったままの街並みを歩く。今まで見過ごしていた店の看板や案内が、ふと眼に留まることもあります。新しさの発見とは、相手が変わるのではなく、自分のモノの見方を変えることから始まることを知ります。

今まで、脈々と続いていたことを無理に変えることはありません。多くの人が受容していたものを、一方的な考えで壊してしまう必要もないのです。重要なことは、見方を変えることです。すると、今までとは変わった世界が見えてくるもの。正月とは、自分自身のモノの見方や考え方の偏りを是正するための、日常とは異なる時の流れなのかもしれません。

第58話　買物行動には「Shopping」と「Getting」があります

日本人の日常生活に、スーパーマーケットが根付いて既に50年強の時が流れました。業種別に分化された小売店が、消費者の購買態度に合わせた業態店へと変貌し、まさに様々な買い物に合わせた空間が登場してきています。スーパー（Super）を超越したハイパー（Hyper）や、相対的な低価格を売りものにするディスカウンター、ある分野（カテゴリー）での徹底的な商品の幅広さと奥行きを見せるカテゴリーキラー等々、百花繚乱の感があります。

買い物行動には、目的的なものと衝動的なものがあります。全てを計画的に自らの生活に取り込むべく買い揃えるのではなく、何となく買ってしまい、後になって後悔の念に駆られた体験は誰もが持っているのではないでしょうか。あるひとつのものを購入するために、いくつもの店を見たり情報を集めて比較検討することもあるでしょう。検討の結果、目的物を獲得するために店に走ることもあります。前者的な行動が、店を見て回る“Shopping”、後者の行動は、獲物を得る“Getting”にあたります。

最近の店を見ていると、多くGetting指向の狩猟場的な店に出会うことが多くなってしまいました。他者との差別的優位性を、圧倒的な商品数の陳列や低価格に求め、選択自由度を奪い去ったような店。「たくさんあるから買え！」「安いから買え！」の声が、そこからは聞こえてきてしまいます。

購買行動は、目的物を獲る行為でしょうか。本来、自らが判断し選択する行為です。差別性とは、選択者である消費者に、選べる楽しさを見せる「魅せ（店）」なのです。ゆったりと見て回るShoppingを忘れたGetting行動で、購入したものへの愛着が生まれるでしょうか。私は疑問です。

第59話　食べ物への「感動」は、出会いの大切さを教えてくれます

人それぞれに、思い出の中の食べ物があるのではないでしょうか。家庭内での食事の思い出もあります。私にとっては、母がつくってくれた「巻き寿司」「ばら寿司」「いなり寿司」の味が、郷愁の世界へと誘ってくれます。それ以上に外食での思い出が、今も鮮明に浮かんでくることがあります。

５歳の頃、親の転勤で上京した折、初めて旅館で「卵焼き」を食べたこと。鶏卵自体が高級な食材で、めったに食卓に乗るような時代ではなかったからでしょう。その甘さと共に、味わい深い風味が体中を駆け巡っていった感動が残っています。今も出張時の朝食に「卵焼き」を食べている自分がいます。同じく卵にかかわるものですが「オムライス」があります。浅草に現在もあるセキネという食堂で、食べさせて貰ったもの。ふんわりした焼卵で、程よく炒められたチキンライスが包まれている。しかもその上にケチャップが彩

りを添えている。味わいと共に、はじめて見る美しさは、7歳の自分にとって衝撃でした。「カツ丼」の甘辛いしょうゆ味に出会ったのは、その後しばらくたった時。「牡蠣フライ」は、小学4年生のとき。「天津麺」は、小学6年生。そして、中学生の時に初めてカウンターの前に座って寿司を食する機会を得ました。

でも最近は、ついぞ感動の食に出会うことがなくなってしまいました。自分自身の食体験が深まったからでしょうか。いや、それ以上に、余りにも準備され尽くした食が、日常の食卓に出回ってしまっているからではないかと思います。人の感性を高める教育の一つに「食育」があると言われます。今の小学生たちは、20年後、30年後にどのような「感動」を食にもって、語っているのだろうかと思います。

第60話 "Excuse me"の心で相手を思い遣ることがMarketing心です

朝夕の通勤時には、否が応でも人とぶつかってしまいます。流れに乗って歩いていても、つい肩が触れ合うことがあります。そのときの状況のなせることなので、当事者相互は無言のままに目的方面へと向かっていきます。でも、なかには意識的に前に進み行こうとする人がいるもの。「自分の目的地はこの先にある。何とか前の壁をタックルで壊して、少しでも前に行かねば・・・」との想いが働くのでしょうか、猛烈な圧力を人の背中にかけてきます。だが、ひとつの壁を破っても、その先にまた壁がある。再アタックです。それ程急ぐ様子を見ると、今日は何よりも大切なミーティングの約束でもあるのだろうか、と思ってしまいます。

人は自分ひとりで生きているわけではありません。多くの人との関係があってはじめて、人間の生活が成り立つもの。だからこそ、人の間に存在する「人間」なのです。自分の目的を達成するために、周りの様子を見なくても構わないという考えは成り立ちません。

自分が何がしかの行為をすることで、他者に迷惑がかかってしまう時には、時に一歩控えめな対応が必要なことがあります。謝るというより、許容して貰うことです。マーケティングでも「パーミッション（許認可）」がキーワードとして語られています。出来上がったものをただ提示して、販売完了にするのではなく、次の段階に進むたび毎に許可を得るスタイルです。

英語では“Excuse me”ですが、日本語には多様な言い回しがあります。「すみません」「ちょっと失礼」「ご無礼致します」「ごめんなさい」。表現よりもその心。この国にあった“Excuse me”の精神は、いつから薄くなってしまったのでしょうか。

第61話　「いらっしゃいませ」に心がないと単なる雑音になってしまいます

店に一歩入る。「いらっしゃいませ」の元気な声。買わなくてもいいものを、つい余分に買ってしまったり、食べなくてもいいものを、ついつい頼んでしまったり、の経験を持っている人もいるのではないでしょうか。売り手と買い手の、お互いの気を高める起爆の言葉、掛け声として「いらっしゃいませ」があります。

ところが最近、誰も店に入ってきた様子がないのに、この声が聞かれることがあります。商品を並べていたり、在庫スペースから持ち出しながら勢い込んで、しかも繰り返し「いらっしゃいませ」の声。

また、語尾を上げた言い方もあります。客の顔を見るなり「いらっしゃいませ～」と語尾が延びて、しかも上がる。本心からの挨拶に聞こえません。

「いらっしゃいませ」は人が訪ねて来たときの挨拶語です。自分を励ますための掛け声ではありません。私がリサイクルブックのチェーン店で書籍を検索していた時のこと。滞在時間は約30分強、同時間帯の店内客は10名強。その間、それ程の客の出入りはありません。しかし、その間に聞いた「いらっしゃいませ、こんにちは」は何度というより、何百回だったでしょうか。当方は静かに書籍を検索しているのに、そこにノイズが入り込んでくる。「いらっしゃいませ」はもてなし言葉の最初と理解している私にとっては、腹立たしい時間でした。

何のための言葉なのか。店の売り手には勢いがつくのかも知れません。しかし、買い手である客側は買う気の勢いがそがれることも、心無い言葉にはあることを忘れてはなりません。

第62話 「置き」傘から「捨て」傘の時代になったのでしょうか

ここ数年は、春は春として長雨があり、さながら「梅雨」の季節を思わせることもあります。夏は瞬間の豪雨に見舞われ、秋は今まで通りの長雨。季節を問わず傘を手離せなくなっているように思います。

出張の折にも、小さな傘をカバンの中に入れて行きます。持っていると、緊急時の対応も可能と考えてしまうもの。かつては、オフィスや学校に「置き傘」がありました。朝出かける時は晴天であったのに、夕刻からの突然の雨で、帰路は散々な目に遭ってしまうことを避けようとする防衛本能のようなものです。

しかし、これも少なくなったように思います。突然の雨に遭えば、それはその時。100円も出せば、その場をしのぐための1本の傘を求めることが出来るようになりました。突然の雨が止んでしまえば、無用の長物。通路や階段の手摺りやゴミ箱に捨ててしま

う。確かに、目的を全うしたものに、用は無いと考えることは当然のことと

も言えるでしょう。雨の日の備え方も変わったということでしょうか。

しかし、ふと不思議が頭をよぎります。一時的な目的達成のために、多くの資源が使用されています。「所有（する）価値」より「使用（する）価値」への重点シフトが言われて久しいのですが、使用するのは個人的な行動であったとしても、その行動を満たすために使用される価値ある資源は大量です。

かつて「置き傘」で目的に備えていたものが、今は「捨て傘」が一時をしのぐ。現代の消費行動を垣間見ているようで、良いような、そうでないような・・・。と思って今日も雨。

第63話　社会的な行動に必要なことは、ルールよりマナーです

毎朝のこと、電車を待つホームで決まったアナウンスを聞きます。「間もなく電車が参ります。白線の内側まで下がってお待ち下さい」と。日常の何気ない音の景色の一つです。余りにも当たり前になると、注意喚起力も衰えてしまうのか、アナウンスがあろうがお構い無しの数人に出会います。ほんのひと時のちょっとした心がけが、他の多くの群集に共通の時間を提供してくれるにもかかわらず、さも無視することを善しとした行動が見えてきます。

堅苦しく、言われたことをその通りに守れ、と言っているのではありません。一人一人の心がけが、全体の善の状況に繋がることを意識することが、現代社会の基本ではないでしょうか。同じ立場にあるものとして、相手の気持ちを思い知る「相身互い」という言葉。人は他の人と人の間に入ってはじめて成立する「人間」という言葉。どうやら、朝のひと

時などは、人を思いやるといった、人間らしい振る舞いを忘れる瞬間なのでしょうか。

現代の生活空間には、さまざまなルールがあります。そのルールはお互いが守り合うことを前提に成立しています。自分さえ良ければ、何もルールに従う必要など無いといった考えでは、社会生活そのものが成り立たなくなってしまいます。車の運転中に、気に入らないので、この先の赤信号は無視して行こうと言ってしまったのでは、安心して街中を歩くことすら出来なくなってしまいます。自由と勝手のはき違いです。

全体主義的な考えではなく、一人一人の思いやりが、集団の調和をつくることを忘れてはならないと思います。善きことを守る。それは社会的な基準を生み出す第一歩。集団における、緩やかなルールが、いつの間にか社会的な当たり前となり、人の振る舞いを規定するマナーになるのですから。

第64話 「無愛想」なやりとりには、相手を思う心が足りないようです

週末に書店を回るのが好きです。一週間の仕事を終えて、次週に向けての心積もりをした後は、少し気を緩やかにして、オフィス近くの古書街を回ったり、帰路に少し手前の駅で降り、駅近くのリサイクルブックの店に立ち寄ります。最近その類の店は、書物だけではなくＣＤやＤＶＤの扱い幅も増え、老若男女入り乱れた店内になっています。

店で働く人たちは元気一杯。客がいようがいまいが、大きな声で「いらっしゃいませ」の大合唱です。時には耳に響き過ぎて、うるさいと感じることもあるほど。その店は、立ち読みは自由。立ち読み読者に大きな声は、ノイズになると思うのですが、一切構わずに大声の連呼。自分自身の作業にリズムを取っているだけに聞こえてきます。決して、来店客に愛想を振りまいているわけではないでしょう。彼らの顔に、微塵の笑顔も見えないからです。

そこそこ店内を見回して、数冊の本を持ってレジへ。「メンバーカードはお持ちですか・・・?」のお決まりの質問をされます。「はい」と答えて、本と共にカウンターに置く。精算が始まる。機械的なレジの音だけが響く。一切の会話が排除されています。合計金額の案内に沿って代金を払う。「ありがとうございました」の声よりも早く、他の店員から「いらっしゃいませ」の声。そこには入店した人は誰もいないのに。

私の次に並んだ男性が、無造作に本をカウンターに置く。置くと言うより放り投げる感じです。レジ担当者からは同じ質問。客は答えようともしない。眉間にしわを寄せて、早く計算をしろといった風情。会話も笑顔もない。かといって、気まずい空気でもない。何の会話もないことが当然といった雰囲気で、支払うべき金を、これまた放り投げます。愛嬌を感じない空間です。

週末のリサイクルブックストアでの一こま。いつからこの国は、笑顔も会話も愛嬌もない、店も客も「無愛想な関係」が生まれてしまったのでしょうか。

第65話　顧客から「私の店」「私のもの」と言って貰えること

　季節を問わず、仲間とのコミュニケーションの場を求めて生ビールを飲み干すシーンがあります。1杯2杯と杯が進み、普段は小声の人までが声高に会話を始め、隣の集団の話題までが、聞くでもなく聞こえてくる空間になります。「ちょっと1杯」の誘い文句が、いつの間にやら「空いたジョッキがいっぱい」の状況。

　どうもビールの飲み比べだけでは物足りなくなってしまうようで、次なる店の物色が始まります。足もとがおぼつかなくなっている御仁もいます。何とか近場で気の利いた店はないか。スマホ・携帯の電話帳が活躍し始めます。また、エリア内の検索も始まります。情報社会の縮図が現出する瞬間です。そして仲間の内の一人が喜々として声を発する。「じゃ、僕の店に行きましょう。そう、俺の店に・・・」といった声。次なる店が決まり、皆の安堵の声と次への行動準備に移るという、よく出会う光景です。

ところで「僕の店」「俺の店」「私の店」とは、どのような店のことでしょうか。発言した本人が経営しているわけではなく、投資をしたわけでもありません。また、家族が関与しているわけでもありません。ただ、数回にわたって行ったことのある店です。過去体験によって、その店の雰囲気やメニュー、更には料金までがだいたい予測できる。一緒に行くメンバーの、予算レベル、趣味の範囲、料理の好み・・・等々から判断して、自分なりに妥当と判断した店が「自分の店」でしょう。

馴染み度の深まりは個人差はあるものの、過去の使用頻度・接触頻度と相関するようです。馴染み度が深まれば、それだけ安心感・納得感も深まりを増します。行く度に新しさを感じさせる店、楽しい会話が待つ店。顧客と店との関係は、自ずと密接なものになるものです。

多くの顧客から「私の〇〇」と言って貰えること。マーケティングのなすべき役割は、「私の商品」「私の店」といわれるレベルへの創造行為と見ることが出来ます。

第66話　新幹線車中の生態に「細分化」の基準が見えてきます

月に何回か新幹線で移動する機会が増えると、まさにさまざまな人に出会うもの。特に凝視して観察するわけではないのですが、自然と眼に入る光景に、今の時代の縮図を見る想いすらあります。変化に適応する企業行動を考えるマーケティングの分野に身を置くからでしょうか、さまざまな生態に自然と問題意識が高まるものです。

座るやいなや、バックからパソコンを取り出し、書類のチェックやメールのチェック。出張小物の一つにパソコンが加わっています。携帯電話はマナーモードに・・・とのアナウンスがあるにもかかわらず、呼び出しの音。心地よい音楽もあれば、何とも賑やかな音も。黙々と画面に見入る人もいます。大切な人からのメールかと思いきや、ゲームに熱中。

静かな集団に混じって、大声が車中に響き渡る。自社の営業成績とあわせて上司批判の声。固有名詞はわからぬまでも、大声であるがゆえに、何を話しているのかは聞こえてしまいます。前向きに何かをしようという話ではなく現状への批判が多い。挙句の果ては、あの人が悪いとの個人批判。現状否定から未来は見えないと思うのですが、口角泡を飛ばすのは現状否定の方が盛り上がるのでしょうか。

日中の移動では、鏡に反射する光に出逢います。車内化粧行動。新幹線は安定走行をしますが、それでも微振動はある。まさに器用です。小刻みな揺れの方が、目の周りを整えるには都合が良いのでしょうか。かなりの時間が過ぎる。それでも鏡からの光は途切れることなく車内を駆け巡る。他人への迷惑などという考えは微塵も無いようです。

小さな子どもを抱いた母親が乗り込む。故郷に帰るのでしょうか。子どもの健康と自分のことを考えれば、禁煙車両に乗ったほうが良いと思うのですが、何故か喫煙コーナーへ。子どもを抱きながらの喫煙。見ているだけで危険を感じてしまいます。

さまざまな車中行動から人の生態の異質性を感じます。しかし、併せて同質的な価値観も垣間見えます。細分化を考えるきっかけになる新幹線車中です。

第67話　顧客との関係は、相手を邪魔しない「緩繋（かんけい）」です

マーケティングのパラダイムが変わったと言われます。ある刺激に対しての反応を待つ、「瞬発力」の高い「刺激－反応」のビジネスモデルから、一度出来た顧客との関係を、長く強くその結びつきを維持していこうとする、「持続力」が問われるビジネスモデルへの注目です。関係性マーケティングが基本の発想として取り上げられています。確かに、新たな顧客を獲得することは、かつて程たやすいことではありません。それ以上に、一度でも知り合うことの出来た顧客と長くその関係を維持することを考えた方が、圧倒的に効率的です。

しかし、問題は移り行く顧客をどのように繋ぎ止めておくのかということの施策の創造にあります。企業（送り手）サイドから考えれば、一度でも購入・利用・消費・来店してくれたお客様が、次回の機会にも間違いなく自分たちを選択対象にして欲しいと思うもの。

継続は企業経営に力を与えます。だからこそ、企業は顧客を「管理」したいと思ってしまうのです。「顧客管理部」といった何とも珍妙なセクションが登場したりします。顧客は誰一人として「管理」されたいと思ってはいません。顧客との関係づくりが大切だと言っている企業に訪問して、そのような名称の部署に出会うと何とも笑ってしまいます。企業にある部署は、実は全て「顧客部」なのです。お客様への価値提供のために、さまざまな役割を持って相互に連携しているのが「会社」という集団です。

お客様との関係は、意図的にある形を持って生み出されるのではなく、人と人の信頼関係のように、お互いの十分な理解のうえに成立すると考えられます。絆は太いロープのように、お互いの身体をグルグル巻きにしたものではありません。もう少し、緩やかな結びつきです。「縛る・囲い込む」といった逃げ場の無いような状況を創造するのではなく、いつも何となく側に居てくれるような存在になることが、今企業マーケティングの基本テーマ。「関係性」パラダイムでは、「緩やかな繋がり」の「緩繋」の実態化が問われているのです。

第68話 マーケティングには、考慮すべき「間」があります

ビジネスは人と人との関係によって成り立ちます。ひとつのものをつくり上げるにしても、多くの人の関与によって出来上がる。材料が無ければ、いかに良いアイデアがあったとしても実行に移すことは出来ません。出来たものを販売する際には、その商品を扱う店や仕組みがなければ、この世に存在すること自体を誰も知らず消滅してしまいます。しかも、その関係の距離は自分にとって近い時もあれば、とんでもなく遠くに感じることがあります。心理面を考えれば、その距離はさまざま。

距離としてみる「空間」の距離。生活の中での行動尺度にもなる「時間」の距離。そして何よりも、人と人との「人間」関係の距離。ビジネスは、この3つの「間」の取り方によって、バランスよく進むかどうかが決まっていくようです。

新しい商品やサービスがどこで使われるのか。「間」違いない場所や使用方法がいきわ

たっているかを見ることが必要です。生活空間は多種多様。また、その商品がいつ使用されるのかの「時間」を想定したマーケティングはなされているでしょうか。さまざまなシチュエーションを明記した取り扱い説明を読んでも、使用者の側が意外な行動を取ることもあります。商品発売に関しては、いつ・どのタイミングで商品を並べるかといった「間」のとり方。「間」の良い販売は、商談自体がスムーズに流れるものです。そして何より面倒なのが3つ目の「間」の「人間」というしろもの。一人ひとりがまさに一人の「人間」。一筋縄にはいきません。皆が同じような価値観を持って暮らしているわけではありません。雑多です。その雑多から「間」延びすることなく、束の「間」に相手の心をつかむ。マーケティングへの期待も、その方法論の開発にあります。

マーケティング・スタッフは、自分なりの価値観を鮮明にしておかなければ「間」抜けになってしまいます。自分の尺度。自分なりの「間尺」を持ったとき、新たな気づきが生まれてくるものです。

第69話　「大人顔の子ども」に多く出逢うようになりました

毎年のように、その時々を賑わすヒット商品が誕生します。短命のものもあれば、社会的に常態化していつの間にやら定番化するものもあります。一時的な風に敏感に反応するのは、好奇心旺盛な子どもであることが多いもの。世情の理（ことわり）を知ってしまった大人にとってみれば「たわいない」ものでも、子どもの眼には新鮮に映るものがあります。

何事にも旺盛な好奇心を発揮して、新しいものを生み出そうとする活力を見せることは、大人になった途端に忘れ去ってしまう感性かも知れません。しかもその活力が、社会的な新しい動きを生み出そうとするエネルギーに転換されるなら、その活力に期待がもてます。

しかし、最近の子どもの活力はどうも違うところで発揮されてしまっているように感じることがあります。なぜか訳知り顔をした子どもがいます。無邪気に飛び跳ねることもなく、好奇心を発揮して未知なる世界に飛び出そうとせぬままに老成の境地に至ってしまったような顔。「なんでだろ～なんでだろ～」と繰り返す歌もありましたが、そのような疑問詞が聞こえてこない社会になっているように感じさせます。

「子ども心を持った大人」は愛嬌があるもの。分かった振りをしない。素直に不思議と思う心をぶつけてくるからです。その逆はどうにも性質が悪いものです。したり顔で世の中を見ようとする。人と人との関わりに、それ程の経験を持たぬが故に、自分の行動を善として動こうとする。横柄なのです。我が物顔で街を闊歩する。しかも体つきが、栄養のバランスが良いのでしょう、大きいのです。世の理を伝えようとしても、聞こうとしない。横着なのです。

「身体だけが大人になってしまった子ども」。体格の成長と、思考力の生育とのアンバランスがあるようです。

市場を細分化してみる際の尺度も、どうやら年齢によるものだけではすまなくなってきています。大人と子どもの、マインド面でのインデックスが必要な時代の風を感じます。

「時が刻む音」を聴く 16話

人生80年とすれば、人は約25億秒の生を全うすることになります。松尾芭蕉の「奥の細道」の書き出し「月日は百代の過客にして行き交ふ年もまた旅人なり。・・・」人は誰もみな、旅をしています。目的が明示されたときもあれば、無目的的にただ何となく流れ去る時の流れの中に身を置きながら、ぼんやりと過ごしているときもあります。一週間単位の目の前のゴールにせかされて、慌しく動き回る日々の旅もあります。さまざまな要素が積み重なって、自分自身の旅行記が書き足されていくのです。何も思わずに過ぎると、そこに流れる時は早く、ゴールが明示され、到達するために過ごす時は更に早いもの。その時々に、自分は何をしたのか、何をしたかったのか・・・。もう一人の自分が、自分自身を見ているのかもしれません。

第70話　「四季」を感じる感性が、暮らしの文化を育んできたのですが

わが国の文化を言い表わす言葉に「四季折々の・・・」「四季が織りなす・・・」といった言葉があります。というよりも「ありました」と過去形で語る方が正しいかもしれません。漫然と過ぎ去るような時の流れにあってもなお、時々の季候の移り変わりを通して、きめ細やかな感性を育んできました。消費購買行動においても、暑さ、寒さに備えることで、生活の知恵を高めてきました。その時々の享楽のための消費は昔からもありましたが、そうした目の前のことよりも、これから起こることへの対応であり備えです。季節の変化が、消費行動を規定するひとつの要因として存在していました。しかし、このような変節が成り立たなくなって来たように思われます。

凍える手に、はぁはぁと息を吹きかけながら、身体を丸めて歩く姿を全く見ることのない冬になってしまいました。マスクをかけている人の姿を見かけますが、防寒というより

も、花粉症対策のことがあります。暖冬の影響で花粉も早くから舞い散ってしまうのでしょうか。暖かい日が続けば防寒用の衣料を買う必然性がなくなってしまいます。

衣料品の分野での季節感は、女性の場合には非常に細やかに分かれていました。春夏秋冬は勿論、これに加えて「梅春」といった言葉で、何となく冬と春の感覚をブリッジしたものです。女性の繊細なファッション感覚に呼応するような細分化です。一方男性の方はといえば、あっさりしたもので、春夏物と秋冬物といった分類で、暑い時と寒い時の二分割です。それでもなお、春らしいモノとか秋を感じるモノといった評価語がありました。

ここ数年は、一年の季節を「二季」で語ってしまう陽気です。冬は冬らしく寒く、夏は夏らしく暑い。その変化に細やかに対応することで暮らしの知恵が育まれてきたのですが・・・。一年が「二季」では、大雑把な感性がわが国に蔓延してしまいそうで、気になってしまいます。

第71話　今「否日常」を感じることがあります

ここ数年の時代の風が何となく暗く感じます。戦争での殺戮・破壊の映像。得体の知れない病気の加速度的蔓延。未成年者の残虐な行為。・・・・こう続くと、明るさを示す単語を忘れてしまうような気がします。

人の顔を見て「不景気な顔するな・・・」「不機嫌そうな顔して・・・」と言うことがありますが、今の社会にそのまま当てはまりそうな言葉です。「不」「壊」「害」をもつ言葉は、本来そうではない状況を否定している、尋常ではないことを言います。

人は当たり前と感じる時間の繰り返しに日常性を感じ、その平坦に流れる時を意図的にずらす体験場を、非日常空間として「遊園地」や「劇場」「スポーツ場」「映画館」といった形で創出してきました。今も、時に都会生活の喧騒を離れて、森や山を歩くと、日常の時の流れとは異なる時計を持っているような感覚を覚えるものです。しかし、それは一時的な日常生活からの乖離であって、「非日常」での体験です。しかし、ここ最近の出来事は、日常生活の中での尋常ではない状況を伝えています。あたかも、日常なにげなく流れ行く時を否定しているようにさえ感じてしまいます。現代社会の時計が狂っているのでしょうか。通常は起こり得ないと考えていたことが、普通の暮らしの中で起きている。今までの暮らしを否定する「否日常」をすら感じることがあります。

歴史は創造と破壊の繰り返しの中にありますが、現状を「否定」する前に、先ず現状「肯定」の眼差しを持って、そこにおける問題を探りだすことの方が重要な気がします。

第72話　個性は大切ですが、マーケティング思考は分野を超えて共通です

マーケティングが日本に紹介されて、60年以上の時が経過しました。その間さまざまな「○○マーケティング」が登場しました。「マス・マーケティング」「エリア・マーケティング」「感性マーケティング」「シーン・マーケティング」「One to One マーケティング」「バイラル・マーケティング」・・・枚挙にいとまがありません。それぞれのキーワードには、時代の息吹を感じるものもあります。マーケティングの解釈はさまざまですが、自らのマーケティング・スタイルの特殊性を考えるビジネスパーソンもいます。

「私のいる業界は特殊なところがあるので、マーケティングは関係ない」「わが社はお客様も決まっているので、何もマーケティングのことを考える必要はない」「モノをつくるために組み立てられたマーケティングの考え方は、サービス業には向かない」といった声に出会うことがあります。そのような発想をするのは、比較的「生産財」「産業財」と言

われてきた分野のビジネスパーソンに多いようにも感じます。自分たちのビジネスモデルは、誰も真似することの出来ない、固いガードの中で行われているとでも思っているのでしょうか。対応すべき顧客の範囲が、日本国内に限らず全世界的に広がってきているにもかかわらず、特殊な業界という一言で、全てを語ってしまおうとする危うさがあります。

マーケティングは、そもそもが顧客・市場への変化適応型経営を主題にして、紹介され研究されてきました。根本の思想は「顧客主導」経営の実践です。送り手である企業が、自分自身の立場を、相手の立場から見直すことを教えています。としたならば、「わが社の業務は特殊」とか「自社の属する産業は特殊だから」といった発言者は、「顧客思想」が企業内に欠落していることを、自ら認めていることになります。どのような業界にも、業界特有の言葉遣いはあります。しかしそれは、表層的なことであって、マーケティングの本質に違いは無いのです。業界の特殊性に惑わされていないかを考えてみたいものです。

第73話　「食べる」を通じて身に付けるものは何でしょうか

「食育」という単語に出会うことがあります。Wikipediaで検索すると、「様々な経験を通じて「食」に関する知識と「食」を選択する力を習得し、健全な食生活を実践することができる人間を育てること。単なる料理教育ではなく、食に対する心構え、栄養学や伝統的な食文化についての総合的な教育である」とあります。

昔から、教育の基本としてあるのは「知育・徳育・体育」。それぞれに、人として生きていくうえでの基本的知識や知恵の習得であり、他人や社会とのかかわりにおける倫理・道徳の醸成、更には、活動的に生きる源でもある身体の鍛錬を言っています。この3つの要点は、まさに「知を」育み、「徳を」育み、「体を」育むものであり、人が人間として生きていくうえでの基盤になるものと捉えることができます。「食育」はけっして「食を」育むわけではなく「食で」育むものと捉えられます。

生物としてその生命を維持していくためにも、活力の源でもある「食する」行為がなければならないことは言うまでもありません。今日は「誰と」「何を」「どこで」「どのように」食べるかを考えることも、楽しいひと時です。好き嫌いのある人にとってみれば、「何を」が気になるでしょう。友との語らいでは「誰と」が気になるものです。生活の場面毎に「食」に関する思考や記憶があるもの。

そんな想いで街を歩く。そこらに残飯が散らかっている道。手にコーヒーカップを持った人。電車の中に転がる、飲み終わった缶コーヒーと缶ビールの缶。食べることで、人間としての成長を期するのであれば、先ずはその前に、人としてのマナーを学ぶべきではないでしょうか。「食で・・・」果たして何を高めようとしているのかと、ふと考えることがあります。

第74話　かけっこの一等賞を褒賞してもいいと思うのですが

いつの頃からでしょうか。小学校の運動会のこと。徒競走（かけっこ）で一番にテープを切ろうが、最後にゴールにたどりつこうが、一等の子が褒賞されることがなくなってしまいました。

既に、セピア色の写真を眺めるような時を重ねて来た者として、その昔を懐かしんでいるわけではありません。一番でゴールのテープを切った時の感激、何着かに敗れた時の悔しさは、未だに残る記憶の一つです。

1番も2番も、そして最後の到着も、皆一様にゴールを目指して精一杯頑張ったのだから、全員でその頑張りをたたえあうこと。確かに一理あるようにも思われますが、一番にゴールした者は他者より、間違いなく早く目的地に到着した者であり、走るという能力では、そのグループ内で誰よりも勝った能力を発揮した者です。最後に到着した者は確かに頑張ったが、徒競走という同一ルール内の場では力を発揮し切れなかった者でもあります。そこに優位な差はないでしょうか。

よく聞かれる言葉に「何事にも平等な対応をする」ことの重要性があります。確かに正論に聞こえます。しかし、そこでの平等とは何でしょうか。皆を同じく捉え、差を明示しないことでしょうか。同じルールに基づいて行われたことで生まれた差を、明快にすることの方が重要なのではないかと思います。

算数で100点を取った子と徒競走で一等賞を取った子は、共にある分野で有為さを持った子であり、それ相応の対応をすることを考えてみてはどうでしょうか。

第75話　「ＳＯＨＯ」の意味も時代とともに変わります

ワークスタイルの変化と共に、「ＳＯＨＯ」という言葉が注目されました。一般的に、「スモール（Small）オフィス（Office）ホーム（Home）オフィス（Office）の略号と解釈され、「現代用語の基礎知識（自由国民社）」によれば「パソコンやインターネットを使い、在宅勤務も含めた小規模なオフィスでの勤務形態のこと。ＳＯＨＯが『まちおこし』の起爆剤になるのでは、との期待がある。相模原市、川崎市、横浜市などで地方自治体が意欲的にＳＯＨＯ支援を行っている。ＳＯＨＯ等の普及にともない、用途純化の従来の都市構造が、住居と業務が混在した市街地へ変貌する可能性がある。」との記述があります。

しかし、その解釈はあくまでも事務所の物理的な環境を想定したものに過ぎません。会社をただ、「大きな安住の地」と見れば、確かにＳＯＨＯは「小さな場」での業務遂行ということになります。しかし一方で今、新たなビジネスへの挑戦が叫ばれています。会社は決して安住の地ではなく、自らの知恵を創出し、対価を得るべきカタチに転換する場なのです。大きいことには、さしたる意味はなく、知恵の独自性や専門性が問われるべき時代です。

「ＳＯＨＯ」を考えるに当たっては、物理的な規定より機能的な規定を持つべきだと考えます。

Ｓ：Smart：高感度な／気のきいた

Ｏ：Office：職業

Ｈ：Human：人間らしい

Ｏ：Organization：有機体

小さく考えることが、ビジネスの芽を育みます。規模が大きくなった企業にもＳＯＨＯが必要です。気の利いた発想を職業としてもつＳＯＨＯが、次代を切り拓く時代ではないでしょうか。

第76話　じっくり練り上げ育て上げる発想も必要だと思います

私は、普段から余りテレビに釘付けになる方ではなく、定時のニュースに耳を傾け、週に数本の番組に眼をやる程度です。番組を見るよりもＣＭを見る方が好きなのは、仕事柄かもしれません。送り手である企業や商品が、何とか視聴する人たちに近づこうと、あの手この手を使ってくるのを見ながら、その裏側に潜んだ送り手の想いを読み解こうとする癖があります。

たまにテレビのバラエティ番組を見ていると、「お笑い」タレントといわれる人種に良く出会います。そしていつの間にか出会わなくなります。昨年はよく見かけたのに今年は・・・、といったタレントが多いように感じます。深い思考と長い鍛錬から繰り出される「おかしみ」をかもし出す芸ではなく、その時の時代の風に乗って揺れ動く芸だからでしょうか。短命も止む無しかもしれません。見る側も、瞬間的に笑えればよいとしているようで、さしておかしくもない動きや言葉に、回りにつられたような笑い声が聞こえてきます。

いかに練りこんだ芸であっても、受け手の受信状況は多様です。新しい言葉や動きに出会うと、今までもてはやしていたことを、いとも簡単に捨て去って新しいものに拍手を送ります。その気の変わりようは驚くほど早いのです。速射砲のごとき場面の転換を待っているように感じます。

毎年登場してくる新商品も、そのような時代のうねりに巻き込まれていきます。研究開発に要した時間。マーケティング仮説設計に費やした知恵。そのようなことはお構いなしに、あっと言う間に店頭から姿を消してしまうものもあります。現在の小売店頭は、新しく登場した商品をじっくりと育てていこうなどという悠長な考えは皆無に近いようです。今日の死に筋・明日の売れ筋探しに躍起です。

もう少し、ゆっくりとモノの良し悪しを見極めても良いのではないでしょうか。マーケティングは決して、奇をてらった面白さを提供するフレームではないのですから。

第77話　ビジネススタイルは、基本を繰り返す「凡事徹底」こそが重要です

「継続は力」と昔から言われていることですが、現在のような変革の時代といわれる中にあって、改めてその重要さを実感します。旧弊を維持することを良しとはしませんが、変えなくても済むことを、無理やりに変えて、変わることが正しいようなコメントを聞くと、果たしてそうか・・・と疑問文を投げかけたくなります。

新しい機能が、これでもかと言っているかのような新機種ラッシュのスマホ。本来的な機能や操作に慣れる前に次。新しければ良しとする風潮も気になります。環境適応を言いながら、使い切る前に新商品のラッシュ。今までのものの何が不都合だったのかとも思ってしまいます。それだけ、技術の進化スピードが速まってきていることの証でもあるのでしょう。付帯する技術的な進化に合わせて、次々と付加される便宜性であれば納得も出来ます。しかし、本来やるべきことをやっていないケースは、何ともやり切れぬ思いになり

ます。

買い物に店を覗く。当然、客を出迎える「いらっしゃいませ」の溌剌とした声が聞かれるものと想定します。しかし聞こえてこない場面があります。聞こえるのは店員同士の会話の声。欲しいものを探して、客によって勝手に動かされた商品。整然と並べておくことが全てとは言わないまでも、いつでも選択しやすい状況になっているのが店頭ではないかと思います。そうではない雑然とした商品。塵ひとつ落ちていない清潔な店を求めているのではないまでも、食事をする空間は清潔感が基本。ところが、何とも雑然たる空間になっているファミリーレストランやファストフードの店。客が店内不案内であれば、丁寧に導くのが大型店舗にいる担当者だと思うのですが、客と眼を合わすことを避けるような態度の百貨店のフロアスタッフ。

基本とは何か。今の社会に問われているような気がします。当たり前と言われることには、特段の目新しさはありません。まさに平凡なことの繰り返しです。しかし、その凡事を徹底してやり続けることが難しいのです。難しいが故に、実現されている場に出会った時の感動と心の安定の高さがあることも事実であることを忘れてはならないと思います。

第78話　タイムテーブルは、客の立場での時を示しているのでしょうか

仕事柄、年に数十回と飛行機を利用した出張があります。さまざまな空港ビルが変わったり、空弁が注目されたり、空港関連の話題を耳にすることも多くあります。かつて、飛行機に乗ることが、一種の憧れであった世代の自分にとってみれば、飛行機の利用自体が、ごく日常的に当たり前の交通機関になったことを実感します。

生活行動での馴染み度は高まったのですが、何とも不思議なことがあります。それが、航空各社の提示しているフライト・スケジュール、運航のタイムテーブルです。午前中なのか午後なのか、はたまた夜の出張出発なのかで、当然自分の都合の良い便を選択します。そうした時、異なる会社のフライト予定が全く同じというものを見る時。同じ時間に異なる滑走路から飛び立つことはない。ということは、どちらかの予定が間違っていることになります。

確かに、飛行機があのタイムテーブルと寸分違わず出発すること自体が殆どないのですから、それはそれで目くじらを立てる必要はないのかもしれません。利用者は、何となくその辺りの時間だろうと思っておけば良いことなのかもしれません。しかし案内では、出発より早めに空港に到着するよう提示しています。客にそれだけのことを強要するのであれば、送り手も、時間をある程度は厳格にする必要があるのではないかと、ふと思ってしまいます。

毎日、1分1秒を争うような生活をしているわけではありませんが、ビジネスはある意味で時間競争をしています。このように思うのも、毎回の出張ごとに、機内アナウンスで時間の遅れの言い訳を聞くのに、そろそろ飽きてきた頃だからでしょうか。

第79話 今は「ない」ことが繰り返される社会のよう思えます

通勤電車の車両の中で、高校生の男女が頬を寄せ抱き合って立っていました。通学途上でしょうか。そもそも学びの場に向かう姿勢には見えません。それ以上に公衆の面前での振る舞いとは思えない情景です。かといって「みっともない（＝見るに耐えない）」からやめなさい・・・との声も上がりません。多くは眼をそらしています。それよりも、あたり構わぬ大きな声での会話。ひと時動物園のサル山の風情を感じます。

その少し離れたところで、鏡を出して髪を整えているＯＬと思しき女性がいました。これもまた「みっともない」と本人は少しも「思っていない」。日本の女性の特徴であった「さりげない」おしゃれ感覚は、決して全てを「さらけ出さない」、ある一面は隠すところに風情があったようにも思うのですが。

ＴＶのバラエティ番組を見るでもなく見ていました。最近はやりのお笑いタレントが登場して「くだらない」「なさけない」という言葉が飛び交います。その「くだらない」内容を真剣な眼差しで見る観客と、その場の雰囲気を映像で見る自分も含めた視聴者。演じているることや会話自体が「くだらない」とは誰も言いません。多少のしかめっ面が見えるだけです。

昼に定食屋に行きました。近隣の競争を意識して、質もそうですが見せかけのボリュームを競う店もあります。特段の「愛想もない」店のサービス。若い女性では到底「食べきれない」量をサービス、と言い切る店もあります。食べ残す。誰も「もったいない」などとは言いません。食べられない量を出す店が悪いのであって、自分には何の非もない、といった顔つきです。米一粒食べ残すことに「もったいない」と親に叱られた世代からすると、何とも「やるせない」思いがあります。

朝から夕刻までの一日。「～ない」と思いながら、声に発して言う機会も「ない」ままに、目の前の風景が流れていきます。これも今の情景なのか、「しようがない」ことなのか。しかし、どこか「切ない」と思ってしまいます。

第80話　春は気も「張る」時。合わせて「意（い）」の時だと思います

桜の開花宣言が出ると、その後に寒の戻りがついて回ります。そして結局は満開のタイミングは暦通りになるように思います。国の会計年度も変わり、一般的には新年度の4月。心弾ませて新しい分野へと足を踏み入れる若者も多いとき。また一方で、何をすべきかと逡巡しながら、何もしていない者もいるかもしれません。しかし、その人に与えられた人生は、その人だけにしかない限定的なものです。世はさまざま。あえて、新しいことを始める気分が張り詰める春（「張る」を語源とするという）に一言。

歌の文句ではないが、まさに人生いろいろ・・・である。そのいろいろを生み出すのは、本人の「意志」がどこにあるかにかかっている。何となく「自分のやりたいことがわからない」といった「意見」らしき声を聞くこともあるが、そもそも自分のやりたいことは、「意中」のものとして浮かんでくるものだろうか。先ずは、やってみることが必要なので

はないか。何となくぼんやりと考えるくらいなら、試してみようとの「意気込み」が必要ではないのか。ある分野や方面に向かおうと自分の「意向」を固めたとしても、「意のまま」にならないのが世の常。だからこそまた迷う。混迷の中から、自分自身の「意思」が薄ぼんやりとではあるが浮かんでくるもの。

実行することもなく、その場に止まっていたのでは、新しい動きは当然見えてこない。人生の「意義」や生きることの「意味」などといった肩肘張ったことを言いたいのではない。やってみなければわからない自分の適応力を、さもわかったように評論していたのでは、明日が見えないと危惧している。

「意気」だけですべてがうまくいくわけではない。しかし、自分を鼓舞する「意気込み」なくしては、新しい時代の動きを生み出すことは出来ないと思っている。「意のあるところに道は拓ける」ものである。

ものごとのはじめを「いろはのい」とも言います。してみれば、桜が咲き誇る頃は「意」を確認する「い」の時だと、私は思っています。

第81話　年度替わりの4月は「志」の季節でもあります

新しい動きを実感する季節は春。暖冬傾向の影響でしょうか、冬でも縮こまるような姿勢は少ないものの、やはり身も心も弾むのは、桜の開花と共にある4月です。周りの景色の中に、それまでとは違った存在の人種が入り混じるのもこの季節。フレッシャーといわれる新社会人の姿です。

学生時代そのままの髪型でスーツを着込んでいるからか、何となく不似合いな雰囲気が残ります。それも止む無しでしょう。卒業謝恩会で見られる女子学生の着慣れない着物姿に似ています。今までの日常と異なる時の流れの中に身を置くことになります。当然、リズムも異なったものにならざるを得ないもの。姿かたちは、まだ板につかないものの、その心の中にあるものに大いに期待したいものです。

未来に向けて描いているであろう自分自身の姿。自らの心が、どちらの方向を向いているのかを確認して欲しいと思います。心が指す。まさに「こころざし＝志」です。何となく茫洋とした意志かもしれません。「自分探し」という言葉も聞きます。自分が何に向いているのか分からないので、固有の職を持つことなく、自分の可能性を探すとか。しかし、考えをいくら巡らせたところで、自分自身の実体が浮かんでくるとは思えません。先ずはやってみることではないでしょうか。

好きなことを一生続けられると幸せ、とも言われます。しかし、志は決して好きなことばかりを迎え入れてはくれません。嫌なこともある。意に沿わないこともある。ただ、嫌だと思ったことも、次なる自分を生み出す術と心得た時に、嫌なことではなくなるものです。自分の心と会話をしたかどうかが問われています。

「心こそ、心惑わす心なれ。心に心、心許すな」と昔から言われます。春になると、心が指し示す方向を持った若者に何人出会うことがあるのか、心してその時を待ちたいと思っています。

第82話　朝のコーヒーショップでは「窓際」族によく出会います

時に朝一番でコーヒーショップに立ち寄る時があります。早朝からのミーティングに備え、今一度資料を確認したり、息を整えるためです。そこで、さまざまな人種に出会います。

私と同じように、朝の会議に向けての資料に読みふけるビジネスマン。お客様のところに行くのでしょうか、自社商品のカタログと見積書を開いて電卓の指が忙しい営業マンらしき男性。つい先ほどまで飲めや歌えのカラオケ宴会の（朝）帰りと思しき若者集団。

その無批判的な会話を耳にしながら窓際に目をやります。自分もそうですが、パソコンを開いて情報検索やメールのやり取りをしようと考えると、なぜか窓際のほうが都合がよさそうに感じてしまうもの。決して電波の状態を考えるのではなく、何となく外界に近い方が良さそうな印象を持ってしまうようです。

同じように考える輩は多いようです。窓際のカウンター席に着くと、やおらパソコンを開き、ネットを繋ぎます。情報検索を始める人。朝一番で、あるいは昨夜遅くに届いたメールを読み、その返信に忙しい人。同じような行動を取る人たちと一緒の空間にいると、自分がコーヒーショップにいることすら忘れてしまいそうです。

その同じ列に、同じような体勢で外を見るでもなく、コーヒーを飲むでもなく、目の前の画面に見入っている女性がいます。パソコンの画面ではなく自分の顔が映し出された鏡です。出勤前でしょうか、あるいは顧客訪問の前なのでしょうか、入念な指揃きが続きます。すぐ近くにいる大学生と思しき若者集団の声高な会話も意に介せず、ひたすらに大きな鏡に向かって格闘中です。

窓際でパソコンの画面を見る人。鏡の前の自分の姿と格闘している人。その姿勢が、カウンターを前にして同じであることにおかしみを感じます。パソコン画面は、ネットを繋げば世界に広がる素通しの窓。化粧に余念のない女性の前の鏡は、自分に反射する投影の窓です。同じ窓でも、映し出すのは外と内。朝のコーヒーショップで見る「窓際族」に、今の時代を感じることがあります。

第83話　勉強するのは、時と場を選ぶものではありません

ここ数年、企業のマーケティング・スタッフの方々と一緒になって、ビジネス・テーマを考える場に参画したり、企業内のスタッフの前で話をさせて頂く機会が増えてきました。一方通行的なものではなく、お互いに会話をしながら知恵を熟成させ、新たな発想を求めるワークショップ・スタイルのプロジェクトです。そのような場でよく聞かれることがあります。「マーケティングについて、どこで勉強するのですか」との問いです。この類の質問が、最も答えに窮するものです。

個人的に日々の見聞自体が勉強と心得ている者にとって、改めて「どこで・・・」と聞かれても、「普段の生活で・・」と答える訳にもいかない状況です。なぜならば質問を投げかけた側は、他者の前でマーケティングを語るのであれば、当然、学校や先生から教えて貰う場面があるはずと思い込んでいる節があるからです。「普段の生活場面が勉強の

場です」などと答えたのでは、会話が進まなくなってしまいそうです。そこで、「このような場で話し合って、お互いに啓発しあうことが勉強です」と答える。やや不満な顔に出逢います。

しかし、勉強するとは「知らないことをわかるようにする」「自分なりの解釈をする」「学問を体系的に理解する」と、さまざまなレベルがあるもの。どの段階にあっても、さまざまなアプローチがあります。学校で一般的な学問体系を「習い」、何を考えるべきかを知るという方法。先人の残した知の集積を書物を読むことによって「辿り」、個々の意味を理解する方法。他者の考え方や理解の内容を会話を通じて「聴き」、自分なりの体系的な整理をする方法。そのどれをとっても勉強です。しかも、これらのことは日常生活で繰り返していることでもあるのです。

勉強とは、一方的にある方法を「習う」ことではありません。自分自身の解釈やアプローチの仕方を「組み立てる」プロセスです。そのように考えると、「勉強する」ことが楽しくなります。「習う」ことだけの底の浅さが見えてきます。日常生活が勉強の場であることを教えてくれているのは、「我以外みな師」の想いではないかと思います。

第84話 「ＩＴ」そして「ＩＯＴ」。人は何をすべきかを考えました

21世紀直前よりビジネス環境変化を言う言葉に「ＩＴ革命」がありました。あった、と敢えて過去形で言うのは、最近では「革命」という言葉を殆ど聞かれなくなったからです。革命的なことではなく、最早当たり前のこととして、ＩＴの環境が現出したからでしょうか。「e-business」「e-customer」「e-mail」と、“e”の付いた単語が氾濫します。そして今は「ＩＯＴ：Internet of Things」だそうです。

ところで、ＩＴを直訳すれば「Information Technology＝情報技術」となります。まさに、情報を収集・獲得・処理・加工・検索・分析・提供・共有するための技術ということでしょうか。ここで確認すべきは「情報」です。

情報にはさまざまな捉え方があります。一つには「データ」＝定型化することによってデータベースに収納できる情報。二つには「ナレッジ」＝一つのまとまりを持った「意

味」を有する情報。文章化し誰にでも客観的に理解される情報。そして三つには「ノウハウ」＝文章化することが困難な情報。経営者の意思決定の仕方や店でのサービス精神に生きている情報です。これらをどうするのか。情報を加工分析して、顧客に常に鮮度高い商品やサービスが提供できるような仕組みをつくることが、本来的なＩＴ経営です。

電子的なToolを取り込むことがＩＴではありません。情報化の進展は過去にもさまざま取り上げられてきました。80年代までは、比較的企業内業務に関する情報化で「ＯＡ革命」といわれました。更に、90年代には企業間業務連携の情報化が言われました。しかし、今世紀の情報化は、従来のそれとは明らかに違う側面があります。企業だけのテーマではなく、生活者も巻き込んだものです。

そうした環境でのＩＴとは、Implication Technologyではないかと思います。Implicationとは、「読み」「含意」のことであり、事実を自分なりに解釈し、その内容から将来に向けての予測や読みを加味した主観的解釈の情報です。

分析を繰り返しても未来は見えません。個人的な発想を体系的に持つ力こそ、今求められるＩＴだと、私は考えています。

第85話　人間同士の会話が少なくなると想像力が衰えるように感じます

現代の生活を見回してみると、話しかける相手が人間ではないものが多いのに気が付きます。ＴＶの番組を見ていても、一方的に流れてくる情報に、ひとり相槌を打ったり、反発したりすることがあります。パソコンを開いてインターネットに繋いでも、その小さな窓からのぞかれる世界が自分にとっての全世界になってしまいます。語るべき相手がいないので、どうしても独りよがりな解釈がまかり通ってしまうことも多くなるようです。

かつて子どもに聞かせる「むかしばなし」というものがありました。今も勿論あるのですが、どうも様子が違っているように思えます。そもそも「むかしばなし」は場所を特定したり、時を特定したりといった現実を語るのではなく、そこに隠されている思想や人として守るべき心を伝えるものでした。だからこそ、多くの話が「むかし、むかし・・・」と時を特定せず、「あるところに」と場所を特定することなく話が始まります。登場人物も、歳を重ね徳を積んだと思わせる「翁（おきな：おじいさん）と媼（おうな：おばあさん）」と決まっていたものです。

「欲深い思いでいると罰があたる」「善行を積むと巡り巡って善いことが訪れる」「目立たぬことでも良い行いは報われる」「邪悪はいつか滅びる時が来る」・・・・。人の生きる基本の道を告げているもので、「勧善懲悪」の思想が底流をなしていたように思います。子ども心にも、その思想が植えつけられていったようです。

ところが最近、桃太郎に登場してくる「犬・雉・猿」は、他の動物でも良いのではないかという発言を聞きました。いやはや何とも・・・と思います。物語に登場してくるのは確かに動物ですが、それはあくまでも置き換えて考えるべきではないでしょうか。犬は「忠義」、雉は「勇気」、猿は「知恵」の置き換えであり、それを束ねる桃太郎は、まさに人が持つべき「仁」と理解することが出来ます。

人との会話が乏しくなると、目の前のリアルをただリアルとしてのみ理解しようとしてしまうのでしょうか。とすれば、「創造力」の原点である「想像力」が養われるいとまがなくなってしまうように思うのですが。

「心に吹き抜ける風」を聴く23話

マーケティング思考は、ビジネスの素養を高めることに繋がります。マーケティングとは、「常に相手の立場に立って自らの行動を見つめ直す思考の体系」だと考えています。組織行動に限らず個人の行動にもまた、マーケティング思考と行動があります。自らの行動を評価し判断を下す相手は誰かを理解することから、マーケティングは始まるのです。自らを取り巻いている環境の変化を如何に自分自身の問題として意識し、そのために今自分達は何をしなければいけないのかを、常に見極めていくことが必要です。マーケティングは、企業が市場を操作する為の手段体系ではなく、いつも相手の立場に立って自らの行動を見直し、その行動自身を律して行く思想体系と考えられるのです。

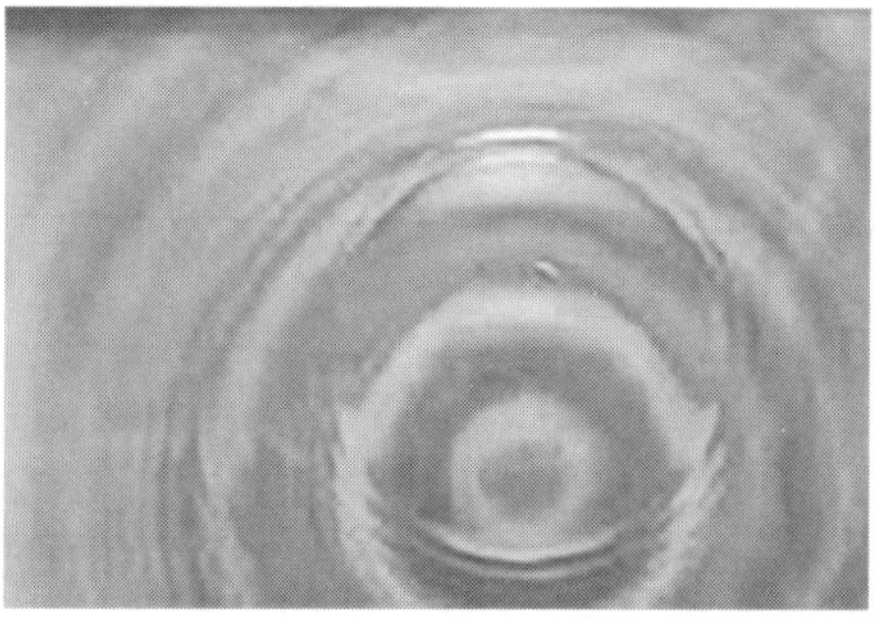

第86話　現代は「情報交換」に限らず「情動交感」の時代です

動画も含めて、ビジュアル情報のやり取りが出来るスマホやケイタイを使う風景が当たり前になりました。自分の気持ちを伝える際に、全てを文字で表現するのは小説家であっても至難のことでしょう。しかし、今の自分の顔を見せれば、ある程度のことは読み取ってもらえることがあるもの。「目は口ほどにものを言い」ではありませんが、その瞬間の自分の気分は顔に出るものです。であるならば、感情のやり取りには画像の方がリアリティがあります。「情報交換」の時代ではなく、「情動交感」の時代と見ることが出来ます。

この時代に適応するマーケティングでは、今までのモードを改めて見直さなければならなくなります。そのために多くのキーワードやコンセプトが発信されています。Webマーケティングやeマーケティングといった言葉は当たり前になりました。しかしそこでの論点は、主に顧客への「接近」を中心としており、情動の「読み込み」に関するものではないように思えます。

かつてＩＴがもてはやされ、ＩＴを知らざる者は時代のビジネスを展開する資格すらないように言われました。しかし、これもInformation（情報）のTechnology（技術）であって、情報加工の技術が中心に語られ、言葉を変えればInformation Toolと読むことが出来ます。

今問われているのは、情報を細密に加工・分析する術ではないのです。その事実から読み取れる背景や、あるいは顧客が発信している言葉の裏にある情景までを、具体的に描き出す力です。他人の話を文章で表現する能力を持っていると、高く能力評価をされるケースもあります。「情報交換型」のスキルに関して多くのマーケティング・モデルが紹介され発信されてきました。これからは、「情動交感型」のマーケティング・モデルの研究開発が待たれます。

第87話　人がもつ「感動尺度」が生活センスを高めます

何を食べても、どこに行っても余り驚きの声を発しない人がいます。最近の10代の若者と話をしていると、特にそのようなことを感じてしまうことがあります。幼い時から、生活環境の中に現在の暮らしを満たすモノが豊富にある中で育ったからでしょうか。新しい出会いに感動をしない。新しい店が新しいメニューや商品を始めたからといって、その内容がかなり前から情報誌に掲載され、実体験のないままに知識だけが吹き込まれています。

まだ見ぬもの、知らぬものを、特段に見たり知ったりするための努力をしようとはしない。何らかの商品や店に対する感想を求めても「別に〜」のコメントがかえってきます。不感症的な価値観が蔓延しているのでしょうか。

かといって、自分にとって遠くの存在でありながらも、何となく情報先行でテレビや雑誌がはやし立てると、直ぐに群がる行動も見られます。いつの頃からか、日本人の多くに

「感動」という言葉が、その生活辞書から消えてしまったような気がします。

団塊世代に属する私などにとっては、初めて口にしたメニューが、いつどこで、どのようなシチュエーションだったのかも鮮明に覚えているもの。ある面では思い出の中にある多くの感動が、その後の暮らしの判断尺度になっているような気がします。

歳を重ねたから、ということだけがその理由とも思えません。欠乏の中で育ったから、というのも一理あるでしょう。しかし、どうもそのようなモノの乏しい中での関与体験でのみ、感性が高まったわけではなさそうです。個人的なものを見る、感じる鮮度感覚のように思います。

「なんでだろ〜」の声を良く耳にします。「何故」の質問を発して、自らの体験で感動する。その機会と感度が薄れた社会は、どことなく感度の鈍い、無感動な驚きに乏しい社会に思われます。

第88話　マーケティングは「とらわれない」思考を求めています

マーケティングを学び始めて比較的早く出会う言葉に、Segmentation／Targeting／Positioningがあります。その頭文字から「ＳＴＰ」のフレームと言われます。顧客を細かく分け、自らが取り込みたい顧客を決め、競争上の差別性を明確にする。差別的な優位性を獲得することが何よりもマーケティングにおいて重要なことだと先ずは考えること、と教えられます。

しかし、その基本の考え方に余りとらわれすぎてしまうと厄介です。どのようなテーマに対しても同じような発想しかしなくなってしまうからです。製品やサービス開発において、先ずは細分化。性・年齢・職業で分けるということから全てが始まると考えてしまうのです。何となくマーケティング的に考え、実行している気分に陥る時かもしれません。

何も、全てを「Ｓ・Ｔ・Ｐ」の手順で捉えなければならないという規定はありません。

過去の分析アプローチにとらわれすぎているに過ぎないのです。

同じようなことは、日常の生活にも多く見られる。「これは、こうあらねばならない」と規定したとらわれの考え方です。「パンを食べるのは朝食が適しており、夕食にパンを食べるのは不自然だ」などと言う人に出会うことがあります。何故でしょうか?決してそのようなルールがあるわけではありません。夕食の食卓で「シチュー」や「カレー」と共にパンを食べると案外美味しいもの。朝食はパン/夕食は米飯とは、決められたことではなく、何となくそう思い込んでいるからに過ぎません。

「とらわれる」を漢字で書くと「囚われる」となります。人がある枠組みの中に囲い込まれています。自分の身の回りに、「こうあらねばならない」と囚われの発想に陥っているものはないでしょうか。マーケティング思考では、囚われを打ち破る熱い力を、私はいつも期待しています。

第89話　マーケティングは「しめる」志と行動を忘れないことです

人が出会って握手をする。その折に、お互いを認め合い、親密度が高ければ、それだけ握る手に力がこもって、まさに「締める」状況になると言います。

「しめる」のは、力の掛かり方でもあります。愛しい子どもを親は「抱きしめる」でしょう。めったに口にする機会にめぐり合わない食べ物は、この時とばかりに「噛みしめ」て味わおうとします。新しい道なき道に入り込めば、一歩一歩を「踏みしめ」ながら進み行く姿勢を見せるはず。そこには、人がある目的に向かって、しっかりと力を込めて邁進する、雄々しい姿すら感じさせるものです。

しかし、どうも最近の社会の風に「しまり」がないように感じます。力強さを実感する場面に乏しいのです。何となく、柔らかに手を結ぶような関係に出会います。一度決まった提携話が、お互いの利害再調整の結果、水に流れてしまうようなケース。お互いのトップは、しっかりと相手の目を見て、その手を握りしめたのでしょうか。親のいうことを聞かないからと、感情的な幼児虐待を繰り返してしまう親。わが子を、しっかりとその胸に抱きしめることをしたのでしょうか。噛みしめようにも、端から細かく刻まれた肉や野菜を食することが多くなった現代人にとっては、味を噛みしめる機会も乏しくなったかもしれません。一時流行った、厚底靴をはく若者には、地面を自らの足で踏みしめている感覚は育ち得ないかもしれません。

関係性マーケティングが言われる現在の環境にあっては、改めて顧客との力強い絆を結ぶことが求められています。企業は、顧客一人ひとりと、どれほどの力を込めて、その手を握りしめているのだろうか。気をひきしめて、今一度自問自答してみたいと思います。

第90話　「当たり前のことをやり続けること」は当たり前に難しいものです

仕事の出来るビジネスマンを表わす言葉のひとつに、「当たり前のことを当たり前にやる」という表現があります。確かに、やらなければならないことを、さもなくやる遂げることは何事においても基本であることに違いはありません。しかし、それがなかなか出来ずにいる場合の方が多いように思います。

「朝早く起きることは健康に良い。グズグズとしていては、かえって身体によくない。何よりも心にゆとりがなくなってしまう」という当たり前のことが、なかなか出来ないのです。「使ったものは、元あった場所に戻しておく」。その通りです。ましてやオフィスにおける共有の備品類であればなおのことで、自分さえ良ければ他人のことは知らないでは通りません。ところが、そのようなことでも出来ずにいることがあります。まるで幼稚園のクラスで聞いたような決まりごとです。

暮らしの基本もそうですが、仕事の進め方にも基本があります。自分の今やっていることの逐次報告。プロジェクト対応における次ステップの想定と準備。プロジェクト・アウトプットの早期想定とそのための段取り。業務遂行における自分自身の役割認識とその対応・・・。どの一つをとっても創造性が要求されるものです。決められたルールがあるものであれば良いのですが、そうでないものがあります。自分自身が「当たり前」を創っていかなければならないものもあります。決めたならば守り続ける。そうすると、いつかそのやり方が周囲の当たり前になります。

では、企業の行動における当たり前とは何でしょうか。企業は経済行為をする集団ですが、その行為は社会に役立つものであることが大前提です。社会に対して嘘をついてよいという当たり前はあり得ません。時にマスコミをにぎわす、企業の嘘つき行為の数々。トップが頭を下げる姿を見るにつけ、企業行動の「当たり前」とは何かを、幼稚園時代に戻って考え直した方が良いような気がしてしまいます。

第91話 「つもり」が積み重なると「知層」がまだらになってしまいます

暑い日が近づくと、ふと北国の冬に想いをはせることがあります。雪は積もると、美しい真っ白な世界を描き、まさに「白銀」を実感できるのですが、厄介なのが、マーケティング・スタッフの心に積もる思い違いのひとかけらです。

「わかったつもり」になっている理論や、実行してきたつもりのさまざまな技法。更には、自分自身が全てをやったつもりになっているマーケティング戦略の数々。

そもそもマーケティングの実行は、たった一人で全てが完結するものではなく、多くの人や機能・役割が相互性を持って絡みあいゴールに向かうものです。「あの橋は自分（わし）がつくったんだ」とのたまう政治家の先生の話を聞いたこともありますが、それは「橋をつくるべく計画し予算の調整を指示した」だけであって、つくったのは工事人であり、その材料を提供した企業です。全てをわが手に・・・の「つもり」は何とも質（たち）が悪いと思います。

「つもり」が積み重なると「つもりマーケター」のそしりを受けることになるでしょう。土台がしっかりしていない、裏づけが無い、志が薄い、基が無いのですから、直ぐに倒れてしまいます。砂上の楼閣を地で行くマーケティングです。「つもり」が積もったスタッフもまた質が悪い。流行の言葉に左右される、記号を使いたがる、ちょっと立ち読みした他人の言葉を、さも自分の言葉のように発信する。

雪が積もると一面を覆う白銀の美しさです。同じ「つもる」のであれば、実を持ってしっかりとした「知層」を重ねたいもの。「つもり」が積もると「まだら模様」の地層が脳に堆積されそうです。

第92話　長期的に考える「ゆとり」が次代を描き創っていきます

産地を偽ったり、「そんなことは絶対にない・・・・」と強く言い張っていた社長が、社員からの指摘で、渋々「実は・・・、自分が・・・・、つい・・・・。」と聞き取れぬほどのか細い声で記者会見場で下を向く姿。「一年後には手元のお金が倍になる」と言っていた人が、実は虚妄な行為であったとか。もう見たくないと思っていたものが、今も横行しています。何が嘘なのか。自分の暮らしの中に登場してくるのは、何をもって「真」と言えるものなのか。混乱が起きてしまいそうです。

加えて生活必需品の多くが、値上げラッシュです。暮らしを防衛しようとする身を縮めたスタイルが蔓延してしまうのでしょうか。決して闊達な動きとは言えません。映画「ALWAYS 三丁目の夕日」に登場する昭和30年代をリアルに体験した者としては、当時の質素倹約とは次元が違うように感じます。

当時は、次に来る世界への予感は明るいものでした。いつか自分にも、多くのものを手に入れた生活が来るはず。そのための今がある、と今日を励ます力が社会に溢れていたと思います。半世紀以上の時は流れましたが、今の耐乏感には、明日を描けない力のなさを感じざるを得ません

そうした時代環境のなせることなのでしょうか、今の社会に「ゆとり」を感じさせません。眼前にあることに、直ぐに答を求めようとしてしまう風潮です。ゆっくりと考え、じっくりと育てて、といった感覚が乏しいのです。

暮らしの中では、全てきちっとした答えが出るとは限りません。「まあまあ」とか「ぼちぼち」という、日本の伝統的な文化が薄くなってしまったようです。長期にわたって思考する力すら無くなってしまったのでしょうか。ふと、問題意識が浮かんできます。

第93話　今は「力（ちから・りょく）」を問う時代なのでしょうか

個人的に昔から書店を回るのが好きでした。書店を回ると、その時々のマーケティングの注目分野を知ることができます。ブランド論が注目されれば、「ブランド」とつくタイトルの書籍が並ぶ。ＩＴやWebとつくタイトルの書籍も多く並んだこともあります。そのような眼で傾向を見ていると、今の時代の風の音が聴こえてくるものです。

今は何でしょうか。多く並ぶ書籍のタイトルには「力（ちから・りょく）」のつくものが見えます。主な「力」を並べてみましょう。

仕事力／段取り力／時間活用力／気づく力／文脈力／直観力／観察力／着眼力／感知力／疑問力／仮説力／話力／会話力／質問力／常識力／観想力／構想力／独創力／思考力／発想力／先見力／分析力／問題解決力／整理力／記憶力／要約力／物語力／読書力／文章力／表現力／論理力／集中力／判断力／決断力／実行力／個人力／個力／人力／人望力／

習慣力／創造力／説得力／人間力／市民力／中年力／老人力／地頭力

これらは、どちらかと言えば「個人」の力を言ったもの。一方、企業にも「力」が求められるようです。

企業生命力／企業変革力／事業展開力／変化対応力／経営力／現場力／改善力／積極力／戦闘力／マーケティング力／コミュニケーション力／ブランド力／サービス力／ヒット力／チーム力／上司力／統率力／金融力／時間力／会議力／交渉力／技術者力／製品開発力／原価力／情報力／商業力／適応力／自創力／自在力／試行力／起業力／創業力／競争力／提案力／広報力／そうじ力／集客力／顧客力／共鳴力／力学

「力」はこぶしを握り締めたカタチです。今の時代には、何かを強く握り締める「活力」が欠けているのでしょうか。ふと、自分の持つ「力」は何かを考える時であります。

第94話　暮らしに根付いた「三つの教え」を忘れてはいけないと思います

人の暮らしのさまざまな場面で交わされる言葉に、「ありがとう」があります。さらに、その昔の日本の家庭では、「もったいない」「ばちがあたる」も慣用句でした。他者が何がしかの支援を自分に施してくれる。本来、人は自分自身の暮らしを自分の力で切り拓くことが求められています。そこに、誰からかわからないが自分を助けてくれる。めったにないことです。だからこそ「あることがない＝有り難し」。まさに仏の教えに似ています。

「もったいない」は「勿体・物体」がなくなる。つまりは価値がなくなってしまうことです。有り余ることの無駄。利用できるものを、そのまま捨ててしまうことの無駄。丁寧に使用すれば、まだまだ価値あるものとして存在して十分に機能を発揮するのに、幼い頃、モノをぞんざいに扱うことをひどく叱られたものです。倹約を旨として聖人になることを告げた孔子の教えにも思えます。

「ばちがあたる」は「罰が当たる」で、悪い行いに対する戒めでもあります。善悪を知るために、人が人を懲らしめるのではなく、お天道様や先祖からのお仕置きがあると教えてきました。まさに、神の教えのようなものです。

この3つの言葉に、ついぞ出会わなくなってしまいました。人とのちょっとした会話の中に響く言葉ではなくなってしまったようです。現代生活にあっては「死語」になってしまったのでしょうか。仕事の場面でも、家庭でも、自らのために他者が何かをしてくれる。まさに「ありがたい」ことです。何でも新しいものに飛びついてしまう。それだけ資源を無駄遣いしていることにもつながります。せっかくのものの価値がなくなるのですから、まさに「もったいない」こと。そして、社会における善悪を知ることなく歳を重ね、無謀な行動が横行する。「ばちがあたる」のは当然です。

今、わが国には、暮らしに根付いた教えがないのでしょうか。浮ついた根無し草のようです。かく言う自分は、今日もこの3つの言葉を、どこかでつぶやいているのですが。

第95話 「何だろう（?）」「なんだっ（!）」「何~んだ（~）」が大切です

日本の若者の国語力（読解力）が、先進諸国の標準から見て落ち込んでいるといわれています。自らの頭と言葉で、自らの考えをまとめるクセが幼い時から累積されぬままに成長しているのが現実のようです。この先の日本語がどうなるかということよりも、意志の疎通と状況の共有の中で営まれる、日常の生活自体がどのようになってしまうのかと考えてしまうことがあります。

教科書に書かれた文章を、教室にいる同級生と声を揃えて読むということをしていないのでしょうか。言葉の持つ面白さや表現の楽しさを知るのは、耳から入ってくる言葉です。声に出して読み継ごうとして、ふと読めない文字に出逢ってしまい、口ごもる瞬間。その瞬間に何となく難解な漢字が読めてしまうことがあります。前後の文脈から読み解く言葉の持つ不思議さとの遭遇です。そのような体験もないままに成長の過程を踏むと、いつ脳を使うことになるのでしょうか。与えられたあるひとつの解答と言われる道筋を、さもそのことが正しいように、何の疑念も抱かずに丸呑みをしてしまうのでしょうか。かえって危険ではないかと思います。一人ひとりが持つ、人間としての思考の広がりや発想の豊かさを摘み取ってしまうことになるからです。

自分の目の前に現れた現象に「何だろう・・・」の「?（疑問符）」を持たぬ様相は、人間としての進歩を止めてしまうのではないかと思います。その現象が理解できそうな瞬間での「何だっ・・・」の「!（感嘆符）」の時を経て、自分なりの納得の解を得て「何～んだ・・・」と腑に落ちる。理解をすることの瞬間であり、何とも感動的な気持になる時でもあります。そのような、驚きや感動をもたぬままでは、進化の節目のない、つるっとした頭になってしまいます。思考を停止した頭です。

最近の若者が無表情なのも、そんなことが原因なのかと、つい頭をひねって余計な節目がまた出来てしまいそうです。

第96話　曇天を貫こうとする気概で「前へ！」の志をもっていますか

関東地区で今も続く正月恒例の大学（箱根）駅伝は、新年の風物詩のひとつに数えられるまでになっています。回を重ねて歴史を語り継ぐイベントに位置づけられています。

そのキャッチフレーズの中で強く心に残ったものがあります。２００３年の「前へ前へ。ただただ前へ。信じて前へ。迷わず前へ。」の言葉です。ここ数年、企業人の口から聞こえてこなかったフレーズではないかと思います。

何を信じればよいのか、迷い道に入り込んだかのような、出口のはっきりしない経済環境の中にあって、なおさら萎縮したように行動を起こそうとしない状況。前例がない・・・だから〝やらない〟では、いつまでたっても迷い道のままでしょう。既に、先例となるビジネスモデルは、世界のどこを探しても無いと心得たほうが良い時代です。これからつくりださねばなりません。歴史は、誰かが踏み出した一歩から始まるものです。

小さな一歩だが、進み行こうとした強い意志と勇気を感じさせる言葉。次へのバトンを渡す相手が待っている。その一区間に自らの最善を尽くす。引き継がれたバトンが、ひとつのコースを繋ぎ、線となって形を成す。各パート（区間）での成果が全体に影響を及ぼす。そのために選手の能力を見極め、適材適所を図る・・・。経営の組み立て手順にも似たプロセスをもって、駅伝競技は完成します。

マーケティング現場においても、ただ闇雲に前に進むことが正しいわけではありません。競争計画を練り、人を配備し、その能力がいかんなく発揮されるよう検証（練習）を続ける。そして、後は実行の一歩を踏み出す。出口が見えない・・・と嘆く前に、小さなことでも良い、何がしかの目標を持って、自らを信じ、仲間を信じて一歩を踏み出すことが必要です。

ビジネスは、ゴールの明示されないマラソン・レースでもあります。「前へ前へ。ただただ前へ。信じて前へ。迷わず前へ。」の気概を持ち、今世紀の歴史を刻むマーケティング・モデルを繋ぎ始める志が問われています。

第97話　創造性を育むのは「ごっこ」の思考かもしれません

既に半世紀近い時が流れた昭和の話。子どもたちの遊び場は、家の近くの原っぱや空き地でした。今の環境からすれば危険極まりないところで、仲間と生み出した遊びに夢中になっていたものです。「三丁目の夕日」に登場してくるような景色は、既にセピア色の郷愁すら誘う時が流れた昭和30年代の景色です。

その頃の遊びに、さまざまな「ごっこ」がありました。「鬼ごっこ」「電車ごっこ」「怪獣ごっこ」「戦争ごっこ」・・・。誰かのアイデアが仲間の遊びに昇華して、「ごっこ」は擬人的な真似の世界を自分たちの世界に引き込むものです。そのためにはルールが必要です。これは、リーダー（ガキ大将）が言い出したとしても、メンバーの合意形成がないと成り立ちません。小さいながら、組織の基本ルールに沿った「ごっこ」の真面目なルールが形成されます。そして皆真面目に、それぞれの役割になりきる。なりきらなければ

「ごっこ」にはならないからです。「電車ごっこ」であれば、運転手・車掌役の子は、見てきたこと、聞いてきたことを基本に、出来るだけリアルに演じます。だからこそ、その場の仲間はますますその気になるのです。

最近、そのような「ごっこ」に出会うことが少なくなりました。リアルに近いモノが既に準備されています。準備された道具をうまく操作することに長けた子どもが増えてきます。「ごっこ」は想像の世界から、自然と創造する力を育んでいました。

今、新たなマーケティング・モデルの創出が待たれています。マーケティング・スタッフに「ごっこ」のマインドが必要な時代です。体験をベースにしたシミュレーションを、あるルールの中で真面目にやってみる「ごっこ」をビジネスの中で展開することが、新しい発想を生むきっかけになるかもしれません。

第98話　リアリティはつくられたものではなく、今起きている事実です

日常の生活行動の中で、テレビを通じた情報収集の時間の割合が徐々に減ってきていることを感じます。インターネットを通じたものや、雑誌等の文字情報に接することの方が多くなってきました。その日のニュースは見ますが、ドラマなどは、その時々で話題になっているものを見流す程度。こちらから積極的に見ようと動機付けられるような番組がないことが大きな理由です。と言うよりも、余りにもつまらないからです。

過去に作られたものを、さも今のように伝える嘘くささ。結論を待つ瞬間に場面が転換し、再開時に繰り返し戻って同じ場面を見る空しさ。ちょっとでも注目されると、さながら消耗品のように登場してくるタレントを見る退屈さ。世間で流行っている言葉をそのままドラマのタイトルにする軽薄さ。どこから見ても、視聴するに値する番組が余りにも少ない。特にリアリティの欠落は致命的です。

虚構の世界は、映画がその役割を担っていたのですが、ＴＶが同類になってしまったように感じます。時代の今を伝えるべきものが、今ではない時につくられたモノを承知で、視聴者も今の気分で見ている。どこまでが本来の時間なのかを忘れてしまいます。正月に流れた番組でも、年が変わっているにもかかわらず出演者が「来年」と口走ってしまう。視聴者側も、今流れている番組が、今つくられているものではないことを承知しています。

草創期のＴＶドラマは、その時に演じている事実を提供していました。そこには、何ともいえぬ緊張感があったものです。うまく演じられなかった瞬間がある。裏方の動きが見えている場合もある。それだけに真剣。見る側も失敗を許さないのではなく、容認しながら見ていました。動きを無理に止めて、場面転換することもない。それだけに、次の展開が楽しみになる。昔を懐かしがるわけではありません。入念に事前チェックがなされたモノにこそ、自在性を感じるものなのです。リアルな動きや会話。マーケティングに求められるのも、今をリアルに考える思考であることを忘れてはならないと思います。

第99話　マーケティング思考に「なれあい」は禁物です

自分が真剣に話をしている折に、意味もなく笑う輩がいます。話の内容にもよりますが、仕事の内容や企画案件の肝になることを集中して話している時は、気が萎えてしまいます。その後の話をする気がなくなってしまいます。双方が長く知り合っている者同士の場合に体験する場です。まさに「慣れ合う」状況であり、新しい気付きや発見の乏しい「なあなあ」のやり取りが横行する時です。

ただ、長い付き合いになっていたとしても、儀礼を超えた豊かな会話もあります。朝の散歩の折に、ほぼ毎日出会う人。自分の連れた小犬に話しかけるように、にこやかな顔つきの方に出逢います。こちらも、何となく穏やかな顔つきになって、近づけばお互いに元気な声で「おはようございます」の挨拶。時に季候のあいさつが加わることもあります。朝のひと時に、なごやかな空気が漂う、まさに「馴れ合い」のやり取りです。

しかし同じ馴れ合いでも、気分を悪くするものもあります。「なれあい勝負」の八百長問題。広辞苑によれば「八百長」とは「明治初年、通称八百長という八百屋が、相撲の年寄某との碁の手合わせで、常に1勝1敗になるようにあしらったことに起こるという」とあります。結果がわかっていることに対しては、当然その時々の驚きも感動もない、嫌な「なれあい」です。

国会の答弁を聞いていても、時に「なれあい」を感じることがあります。本質をなかなか突くことが出来ず、先日聞いたやり取りと同じ様子を繰り返しニュースで見せられたのでは、真剣さが伝わってきません。

マーケティングの世界での「なれあい」は何でしょうか。従来品と同じような内容でありながら、さも最新の製品であるかのように伝えるメッセージ。自分の頭で考え抜いたとはとても思えない、良く見慣れた企画書。定期的なミーティングで、長幼を超えた会話をするスタッフ。その「なれあい」は親しみ過ぎて礼を欠く「狎れ（なれ）あい」です。

マーケティングを展開するのであれば、何事にもなれることなく、日々の鮮度を心したいと思います。

第100話　マーケティング実践の姿勢に「メリハリ」は欠かせません

人の話を聞いて、内容よりもその語り口から深く印象に残ることがあります。語り口の妙でしょうか。ただ、だらだらと繰り返されるような話ではなく、心に残るキーワードが幾つもちりばめられていると、その言葉を聴いただけで、改めてその折の状況が思い起こされるものです。

よく言われることですが、プレゼンテーションの場において、聞いている側が何を聞いたかを記憶しているのは、全体記憶総量１００の内の7%ほどでしかないとのこと。それ以上に、話を聞いた時の状況については38%。誰から聞いたかという提案者自身のことの記憶が55%だといわれています。プレゼンターの人柄が問われる場面です。「あの人が言ったことだから信じられる」「あの人の話は昔から信じられない」といった声を聞くことがあります。話の内容そのものよりも、その周辺の情報の方が鮮明な記憶として残るということで、人柄という面もありますが、それ以上に話しっぷりです。歯切れ良い会話は、印象を強くし、記憶への刷り込みも、アクセント強く残るものです。

その原点は「メリハリ」のある語り。「メリハリ」は「減り張り」です。一方的に自説を説き伏せるような発信だけでは、聞いている側が退（ひ）いてしまうでしょう。かといって弱々しければ、聞いている側は不安を感じてしまうもの。まさにそのバランスです。押すだけではなく退く。退くだけではなく押す。

会議の場で、一方的に自説をとうとうと語るスタッフがいます。参加者の合意を形成しながら前に進めていく場でありながら、なかなか妥協しない。意味ある反発であるならばよいのですが、感情的な反発である場合が多いようです。これが厄介。たまには退いてみることも必要です。その方が共感者も増えることを忘れてはなりません。

マーケティングにも「減り張り」は欠かせない。一時的に退いても、それは次の張り出しのための弾みをつける動作にも繋がっています。プランニングの妙がそこにあるのです。

第101話　「相身互い（あいみたがい）」という言葉を聞かなくなりました

　失われた○○年とも言われ、今世紀に入ってからの日本の社会は、何となく疲労感漂う顔付きや、未来を見ることのない眼を持った若者に出逢ったり・・・。自分の気持ちを素直に出すことが出来なかったり、その想いを文字にすることが出来ない人が増えたりと、どうも現在、「考える力」が軟弱になった社会に住んでいるような気がします。

　だからでしょうか、相手のことや相手の立場を知ろうとせず、自分中心に世の中が回っているとでも思っているような人に出会う機会が増えてきました。街を歩いていると、都会では止む無く人とぶつかったり、大きなバックの角が当たったりすることは日常茶飯事です。しかし、その瞬間の会話がありません。ぶつけた方もぶつけられた方も無言。ただ、お互いに不愉快そうな顔をして行き過ぎるだけ。一言の「失礼」「ごめんなさい」を言う暇もないほど、先を急ぐ日々なのでしょうか。決してそうは思えないときが多いのですが。

この国の文化は、お互いに痛みを分かち合う社会ではなかったでしょうか。「相身互い」の言葉があります。互いが互いの立場に立って考え、事にあたれば相互の理解が進むとの考えがあったはずです。いつの頃からか、そのような精神文化はどこかに行ってしまったようです。相手を思いやることがない社会では、当然相手の心の痛みや悩みは知るよしもないでしょう。人を傷つけても、自らの心が痛まないのかもしれません。

マーケティングの根源は、顧客の立場を知ることに始まります。相手の立場に立って、その思考（志向）を読み解くことが必要です。まさに、自らも受け手に立って「相身互い」の思考回路を持たなければ、顧客に近づく施策など生まれないと思うのですが。

第102話　感じたままに書かれた文章には、発信者の想いが溢れます

ビジネスのさまざまな場面で「提案力」「企画力」を良く聞きます。従来からも、企画することの重要性は唱えられてきました。現在の経営環境にあっては、従来にはない新しい発想が待たれています。

提案することは、まだ知られていないこと、思いついていないことを「気づかせる」ことから始まるもの。既に分かっていることを改めて言われても、さしたる驚きもなく、「言われるまでもないこと」と無表情な答えが返ってくるでしょう。「気づき」を提示することは、聞く側にとっての感動を演出することに繋がります。そこに企画提示の楽しさ、面白さがあります。何も知ったかぶりをして告げることではありません。新しい見方や考え方を提示することです。マーケティング・スタッフに求められるのは、自分自身の「気づき力」です。

「世の中にある現象や事実に対して、自らが先ず疑問符を投げかけて考えてみる。なぜこのようなことが起きるのか、なぜ今、このような商品や店が受け入れられるのか・・・」幾つもの疑問を自分自身に投げかけてみる。何がしかの解釈が浮かんでくる。それからが問題です。書き残しておかなければ、自分の気づきがどこかに飛んでいってしまいます。忘れてしまうのです。

折角思いついたのに、あの考えは何だったたか。後になって思い出します。そして企画書に自分の想いを書き込もうとすると「作文」になってしまいます。抽象的な文章が並び、現象や事象は丁寧に説明しているのですが、感動を呼びません。心が揺れないのです。作り込まれた文章は、説明的です。必要なことは、自分が感じたことをそのままに表現する「感文」です。美しいものを「美しい」と書き込む力。感じたものがそのままに表現されることが、人への気づきを提供します。

マーケティングは、未来を予見し、まだ見ぬ世界を描き出すビジネス・アプローチ。作り込まれた「作文」よりも、自分自身の感じた心から発信された「感文」にこそ夢の説明力が内在しているのです。

第103話　自己調律する力が弱くなっているように思います

親に注意されたことに腹を立て自宅に放火をしたり、祖父母を殺害するといった、聞くに堪えないニュースが多く飛び込んできます。その昔も、親兄弟のいさかい話はありましたが、そのいくつかは家の財産に絡んだ、人間の金銭欲を現したものが多かったような気がします。しかし最近は、何とも短絡的な感情の変化による突発的な行為であることが多いのが気になります。

なぜこれ程までに、われわれの暮らしのテンポや思考の回路が、瞬間湯沸かし器的なものになってしまったのでしょうか。自分自身の思考の枠を超えたものに対しては、その時点で考えることを停止し、今の自分の思考範囲でのみ物事を判断しているように思えます。その場での耳の痛い指摘は、自分自身の思考の幅を広げるきっかけになるものです。瞬間的に「○×」の二者択一的な判断ではなく、心に留め置いて徐々に自分の解釈を広げていけば、それだけ、ものの見方や考え方にも幅が出てくるものを、折角のチャンスを捨て去っているようなものです。

人の暮らしは、さまざまな縁が結び合って出来ています。親子の縁は上下の関係。友人・知人の八方に広がる左右の縁。それらの関係のとり方に多様性が乏しくなっているようにも感じます。関係の薄さと共に、広がりの狭さが気になります。「親が子を思い、子が親を思う」お互いの思い遣りの薄さ。その場その場での心の響き合いだけを求め、ある瞬間に起きる不協和音をことさらに嫌う友人関係。どの場面をとっても思考が短絡的です。

生きることは、瞬間瞬間の変化の積み重ねではありますが、かといってすべての時が自分自身を心地よく包んでくれるわけではないでしょう。不協和音を調律するのも、自分自身です。相手を思いやる心は、長い時の流れの中で徐々に育まれるもの。もっとゆったりと、自分を調律出来る社会でありたいものと思う日が多くなりました。

第104話　ビジネス現場では「5現主義」の思考が重要です

日本が生み出した経営管理手法の一つにQC（Quality Control）があります。そこで問われることは「品質優先」であり、管理のサイクルとしての「PDCA（Plan-Do-Check-Action）」はよく知られたことです。業務をその結果だけで見るのではなく、仕事のやり方に着目し、その方法や仕組みを常に向上させようとする「プロセス管理」や、仕事のやり方の「標準」を決めて活用していこうとする思想が代表しています。

その中に、管理の方法として、個人的なあるいは組織の経験や勘にのみ頼るのではなく、過去のデータや事実を基本にして判断をする「3現主義」は有名なキーワードとして取り上げられます。「現場（地）・現物・現実」の3現です。さらにこの3現に音としてのふたつの「ゲン」「原理・原則」を加えて5現主義と言うこともあります。

音としては確かに「ゲン」ですが、どうも私には馴染みません。マーケティングでは、

「現在・現象」を加えた「5現主義」と捉えています。

送り手と受け手の出会いの場である「市場」の変化を自らの経営思想に取り込み、変化に適応することは勿論、それだけに止まらず送り手自身が変化を生み出す行動を仕掛けていく。そこにマーケティングの根源的な意味があります。つまり、顧客と出会う「現場」の変化をいかに捉えるかが変化適応のスタートにもなるのです。

しかも、過去を追いかけて分析するのではなく「現在」起きている「現象」をつぶさに見る姿勢が求められます。過去のしがらみにこだわっていたのでは、新しい発想が阻害されてしまいます。しかも、やり取りされるのは架空のものではなく、「現実」の暮らしやビジネスの中で活用される「現物」であることは言うまでもありません。

リアルな社会にある事実を読み解き、新たな社会の変化を予見するマーケティング・スタッフにとって必要なことは、「現在」起きている「現場」の「現象」を、取引の「現物」を通じて「現実」的に捉える「5現主義」思考の実践ではないでしょうか。

第105話 マーケティングは「縁」を生み出し育てることです

自らのビジネスライフを振り返ると、実に多くの人との出会いがあって今があることを実感します。小さなきっかけで出会った人が、その後は生涯の友となり、あるいは生涯のライバルになることもあるもの。その一つひとつが自分にとっての人生の節目でもあります。今は異界に住む両親が出会ったことも縁。そのふたりの許に生まれ育ったのが人生の始まりの縁。考える基礎を導いて下さった多くの師との出会いの縁もあります。

まさに「縁」が繋がって、今の自分がいることを思い知ります。一人の力の範囲は限られています。だからこそまた、新しい出会いを求めてプロジェクトの編成が可能になるのです。「働く」ことは「傍を楽にすること」とも言います。ただ、出会っただけでは縁には繋がりません。その後にお互いが知り合い、理解し合い、共感し合い、信頼し合うようになって、「縁」が「絆」へと昇華していきます。半分のものが糸で結ばれて「絆」。時々の縁がより強くなっていくには、そこその時間を要するものです。お客様との出会いから、その後のお付き合いによって「縁」は強く太くなります。

またさまざまな人たちとの「宴会」は楽しみの時と空間です。他人同士の会話も弾みます。ただ、会話をする場ではなく「縁」を知る場の「縁会」。誰かとの繋がりが更に広がる会です。横に広がったり、斜めに広がったり。単なる「宴（うたげ）」を超えて「縁（えにし）」を生み出すことになります。異分野の人同士が集まっての交流では、瞬間的な挨拶と比較的表層的な会話が行き交います。ただ、その後が続かないこともありますが、縁を知る場は、その後の広がりも繋がりを持ったものになるものです。

「縁会」は会話も弾む時。その場は、誰かと誰かが繋がっている、一種の安堵感にも似た穏やかな空気に包まれます。お客様との会話の場も実は「縁会」の場なのです。

第106話 「技」を磨くよりも「芸」を深めることが大切です

ビジネスパーソンには実にさまざまなタイプがいるもの。年齢だけの差ではなく、キャリアの差でもなく、その人なりのこだわりの差によるものかもしれません。同じことを聞いても、人によってその回答の様子が違って聞こえてくるのですから、振る舞いの差なのかも知れません。決して技術のレベル差があるとは思えません。パソコンのキーボードをブラインドタッチで出来るからといって、その人から先鋭的なマーケティングの考え方が聞こえてくるわけではありません。逆もあります。パソコンはおろか、携帯やスマホも持ち歩かないにもかかわらず、たまにはあの人のマーケティング・センスに出会いたいと思わせる人がいます。その差は何でしょうか。

マーケティングには、市場の動きなどに関する調査結果をいかに読み取るかの、操作的な技術が必要な場合があります。あるときは統計学的なアプローチであり、あるときは社会心理学的なアプローチです。しかし、いかに操作を学んでも、問題はその結果をどのように読み取り、解釈したかです。そこには、他人が気付かない何がしか、その人なりの感度や感性が働いているものです。小手先の技術では解決できない、人間的な発想であったり感度の違いであったりします。伝統芸能の世界に通じるものがあるのかもしれません。

落語家は多くの噺を自らに取り込み、自分なりの話法で芸を磨きます。歌舞伎役者は立ち居振る舞いから、伝統的な形式美を自分なりのものへと仕上げていきます。言葉で詳細に語り継ぐことのできない「芸」の世界。同じ噺を聞いても、笑えるものと、ちっとも面白みを感じないものがあります。同じ場面でありながら、演者によって感銘を受けたり、さっぱり何も感じない舞台もあります。これらも「芸」の違いでしょう。

ビジネスのスタイルも芸風の違いがあります。同じマーケティング・テーマが何ともダイナミックなものとして共感されるもの。理解に苦しむ解釈。そこには、伝えるべき人の人間性から醸し出される芸があります。決して表層的に身についた技ではなく、底流にある本人のこだわりを持つ職業人としての「業」であろうと思います。「技」先行型のマーケティング・スタッフよりも、個人的な「芸」を見せるスタッフとの会話には、お互いの気付きがあるものです。

第107話　プロジェクトの運営は「縁」の連鎖を生み出すことです

同じ職業を長く続けていると、実にさまざまな出会いの中で自らが生かされていることを実感します。自分自身が出来ることは、何と狭く小さいことかということも思い知らされます。あるプロジェクトを想定しても、自分が果たした役割と領域は何だったのかと自問することが多くあります。「籠に乗る人担ぐ人、そのまたわらじを作る人」とはよく言ったもので、皆が籠に乗ったのでは本来の機能を果たすことが出来ません。

マーケティングの領域では、さまざまな機能を統合することが求められます。一つひとつの機能がいかに優れていても、その連携効果を考えていなければ、大きな成果を期待することは出来ないからです。

仕事の機能は、個人に依存することが多くあります。ということは、プロジェクトを円滑に進めるためには、どれ程専門性を持った人を知り、その知見やノウハウをいかにうまく使うかということが鍵になります。調査の分析は得意だが、仮説発想をすることが苦手な「分析脳」のスタッフ。逆に資料を読み込むのは苦手だが、面白いことを考え出すことなら誰にも負けない「発想脳」のスタッフ。共に苦手だが、場の雰囲気を整えプロジェクトを円滑に進める「潤滑脳」のスタッフ・・・。さまざまな脳が、ある目的によってお互いの力を出し合おうと働きかける。そこに連鎖構造が生まれ、新たな知見が偶発的に生まれてくることがあります。

人との出会いは、相手を深く知ることによって、さも幼少の時からの友人であったような関係になることがあります。そこまではないものの、ちょっとした会話から自分のビジネスへのヒントとなる発想を得ることもあると思います。

現在のビジネスは、過去モデルの繰り返し演習の環境にはありません。自分の頭で創造（想像）する環境です。従来以上に、知恵の連繫が求められているのです。単なる情報を超えた、人的なネットワークも必要です。

今の時代。それは、「ビジネス縁の連鎖構造」を創出したものがリーダー役を担う時代ではないかと思います。

第108話　マーケターではなくマーケティング・スタッフの道を歩みます

企業人との会話の中で、自分自身の職務を表現する言葉の一つに「マーケター」という表現があります。最初に耳にしたときにはよく理解が出来ませんでした。そもそも何をする人なのかが分からなかったのです。今も良く分かっていません。マーケティングを実践する人なのでしょうか。

マーケティングという言葉を聴くと、浮かんでくるのは企業の活動、特にモノを生み出し・販売する方法を効率的に組み立てる、さまざまな手段と理解される場合が多いと思います。そこで、顧客の声を聞く調査を実践する役割、モノづくりのための開発を進める役割、販売をより効率よく効果を高めるための販売促進や広告手段を考え実行する役割が必要になります。その手法を理解しそれぞれを実践する人が、マーケターなのでしょうか。してみると、ひとりで全てを実行することは不可能であり、多くのマーケターが登場してくることになります。

マーケティングは「Market + ing」。直訳すれば「市場の現在進行形」です。現在の暮らしは、Market（市場）の複合体の中で営まれています。つまりマーケティングは、自分が生きている「今」という時と場の中で、さまざまに起きる現象や事象を自分で「解釈」し、「決定」し「対応」する思考と行動の体系です。企業の経済行為を効率よく運営する手段の体系に止まりません。企業も法人としての人格を持っています。ということは、企業自体は変化を解釈し、決定し対応する主体者であり、マーケターということになります。

全体の一部を担当するためには、部分最適を求める眼と共に、全体最適を見る眼が必要になります。だからこそ、マーケティング力とは、自らが考え、決定し実行する力をつけることと理解できるのです。そのごく一部を担務する人たちをマーケターと言ってしまうと、幅が広すぎて理解が進みません。一言で全てを言ってしまおうとするあやふやさもあります。

私の場合、自分の仕事は「マーケター」ではなく、マーケティング実践の多くの場面に参画し、企業活動の円滑化を支援する「マーケティング・スタッフ」と心得ています。

清野裕司のマーケティング考／風を聴く

私考ノート

街の動きや世相の変化に耳を傾けていると、自分自身の心の中にも風が吹き、思考する回路を揺さぶっていきます。小さな刺激が頭を巡って、ふと自分なりの考え方が整理されていきます。そして、今まで何となくわかったつもりになっていたことも、記述して整理していくと固有の考え方が生み出されるものです。平均値ではない、自分のオリジナルな思考が積み重なるような気がします。あくまでも私見であり、かたよりをもったものもあります。ただ、個人的な考えは、他者との議論をする素材になるものです。そこで、私の思考を「私考ノート」と題して積み重ねてきました。この個人的な思考（私考）を、未来に向けたマーケティング議論のきっかけにしたいと思います。

私考ノート 18篇

未知の知を拓くのは、一人ひとりの知の融合。

ビジネス「のう力」を考えてみた

一般的にみれば、ビジネス体験を積み重ねていくと、顧客との関係も徐々に深まり、業界の知識を身に付け、更なる成長への推力に火を点ける時ですが、往々にしてビジネスの曲がり角にさしかかる時でもあります。

その大きな問題は、何事につけ「つもり」に陥ることにあります。「つもり」を打破するにも多様な「のう力」のアップ＝「ビジネス・センスアップ」が求められます。

今、マーケティング・ビジネスに求められるのは、効率を高める「能力」に限るものではありません。

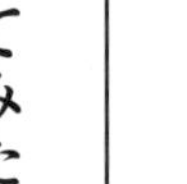

私考ノート マーケティングで問われるのは多様な「のう力」である。

●ビジネスの環境は変わろうとしている。
●マーケティング実践に求められる「のう力」の幅が広くなってきていることを認識しなければならない。

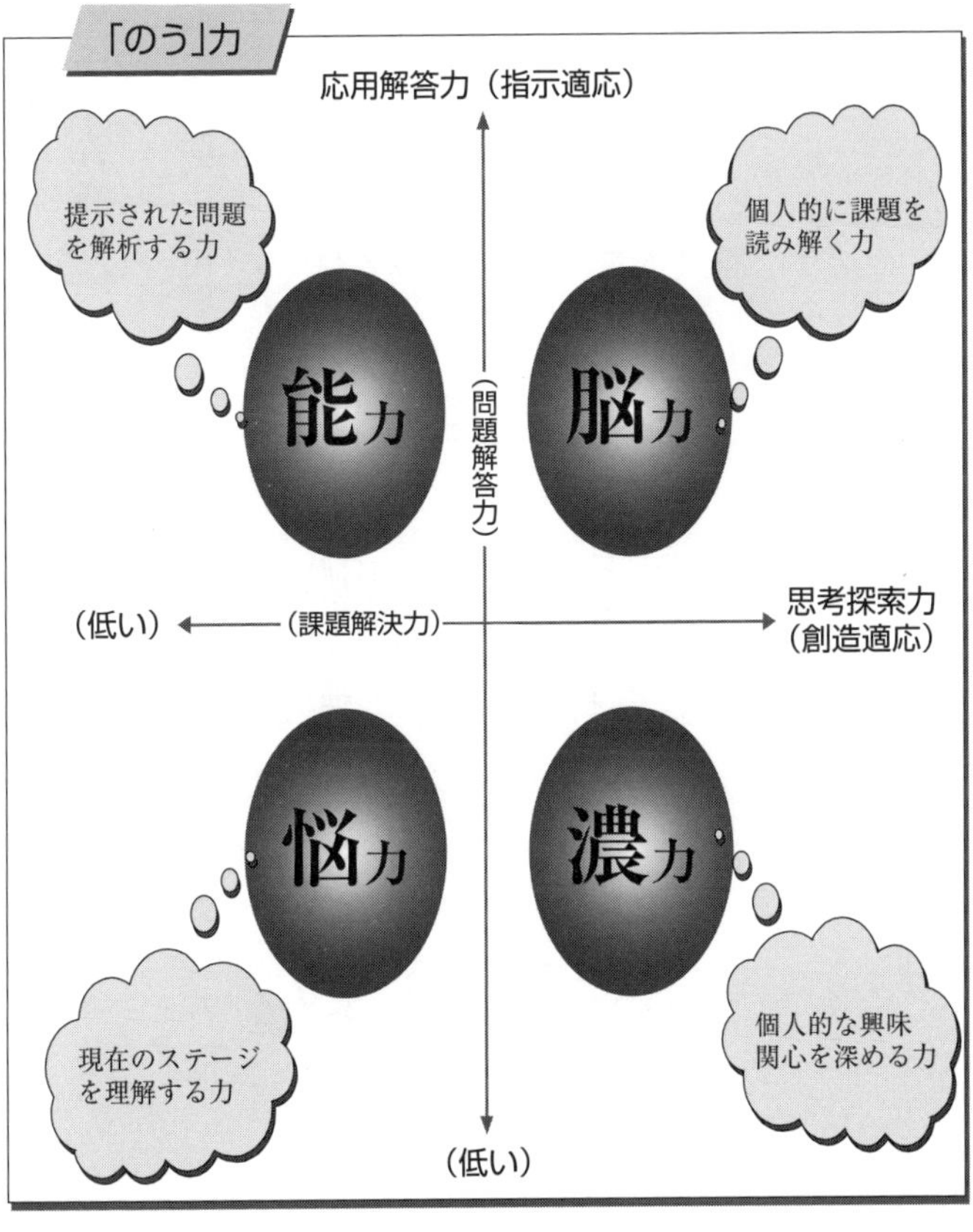

企業の「じんざい」を考えてみた

企業の成長は、時代環境変化への適応力であり、その礎が〝人〟にあることは言うまでもありません。

日々の仕事のちょっとした変化は、何年も経つと大きな変化になっています。一人ひとりが「自分に気づき、磨き、成長する」こと。その為にも、経験や職制に適合した「考える力」を醸成することが必要です。

企業の「じんざい」も、個人の能力と組織内での活性度によって、4つの領域に分類されます。

私考ノート 「じんざい」をポジショニングすると4つに分けられる。

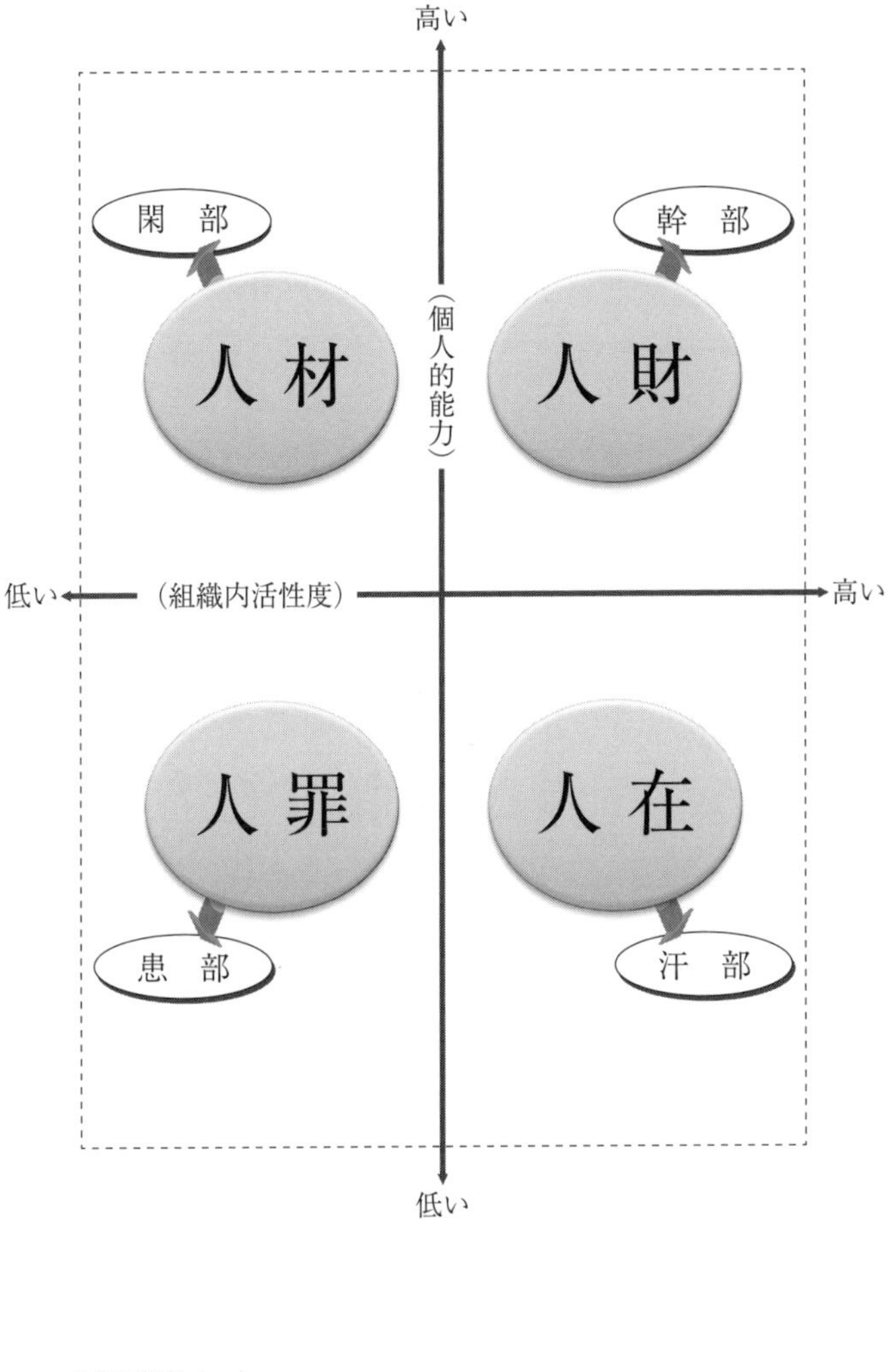

マーケティングの進化を見直した

日本のビジネス界にマーケティングが紹介されたのは前世紀の半ば１９５５年ころと言われ（公益社団法人日本生産性本部）、今や半世紀以上の時が流れたことになります。

今までマーケティング理論の殆どが、企業活動の効率性に主眼が置かれていたことで、その解釈にある種の偏りが生まれたことは否めません。

改めて時代を追って、マーケティングの注目テーマを整理してみると、わが国の産業の変遷までが見えてくるものです。

私考ノート マーケティング・テーマの変遷を見てこれからを考える。

マーケティング・テーマは、時代変化と共に、経営効率・効果を高める思考のガイド役として進化し続けている。

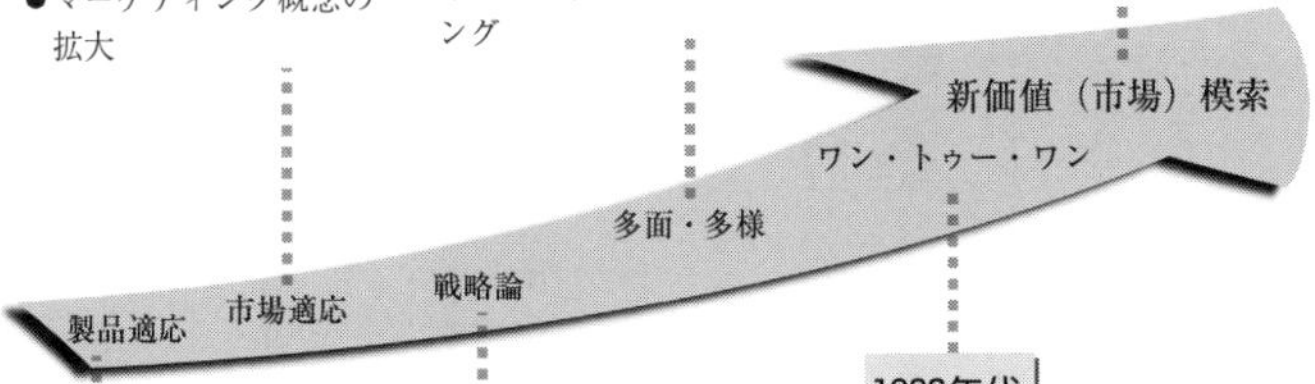

1950年代

- マーケティング・ミックス
- 製品ライフサイクル
- ブランド・イメージ
- セグメンテーション
- マーケティングの概念
- マーケティング監査

1960年代

- 4P
- マーケティング・マイオピア（近視眼的マーケティング）
- ライフスタイル・マーケティング
- マーケティング概念の拡大

1970年代

- ターゲティング
- ポジショニング
- 戦略的マーケティング
- サービス・マーケティング
- ソーシャル・マーケティング
- マクロ・マーケティング

1980年代

- マーケティング戦争
- グローバル・マーケティング
- ローカル・マーケティング
- ダイレクト・マーケティング
- 顧客リレーションシップ・マーケティング
- インターナル・マーケティング

1990年代

- エモーショナル・マーケティング
- 経験価値マーケティング
- インターネット・マーケティング
- eビジネス・マーケティング
- スポンサーシップ・マーケティング
- マーケティング倫理

2000年代〜

- ROIマーケティング
- ブランド資産価値マーケティング
- 社会的責任マーケティング
- ソーシャル・メディア・マーケティング
- オーセンシティ（本物性）・マーケティング
- 共創マーケティング

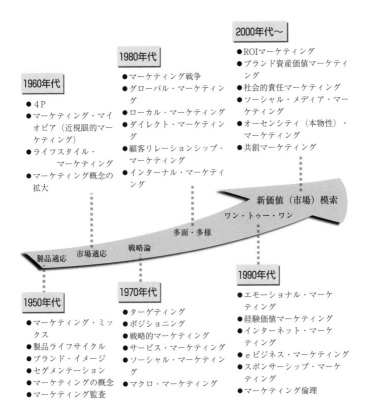

マーケティングは「モノ語り」づくりの思考プロセス

マーケティングを学び始めると、たくさんの言葉に出逢い、その言葉を知ると「わかった」つもりになるものです。でもそれは言葉の理解であって内容までわかったことにはなりません。

マーケティングのわかったは「分る」から「解る」そして、自分なりに腑に落ちて「判る」ことが必要なのです。腑に落ちてくると、現場での行いを見直すときにも、単に「理論」的なことだけではなく、自分なりの「説明（論理）」力がついてくるものです。

そこからがマーケティングの醍醐味です。基本は「誰に／何を／どのように」提供することが良いのかを考え、ストーリーとしてまとめ上げることです。「モノ語り」を語る能力が問われるようになります。

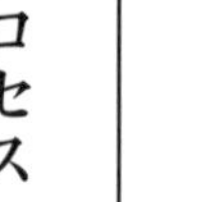

私考ノート マーケティング「理論」で自分の思考を見直してみる。

マーケティングは「理論」をベースにして、多様なビジネス「論理(説明)」のガイド役を果たすもの。

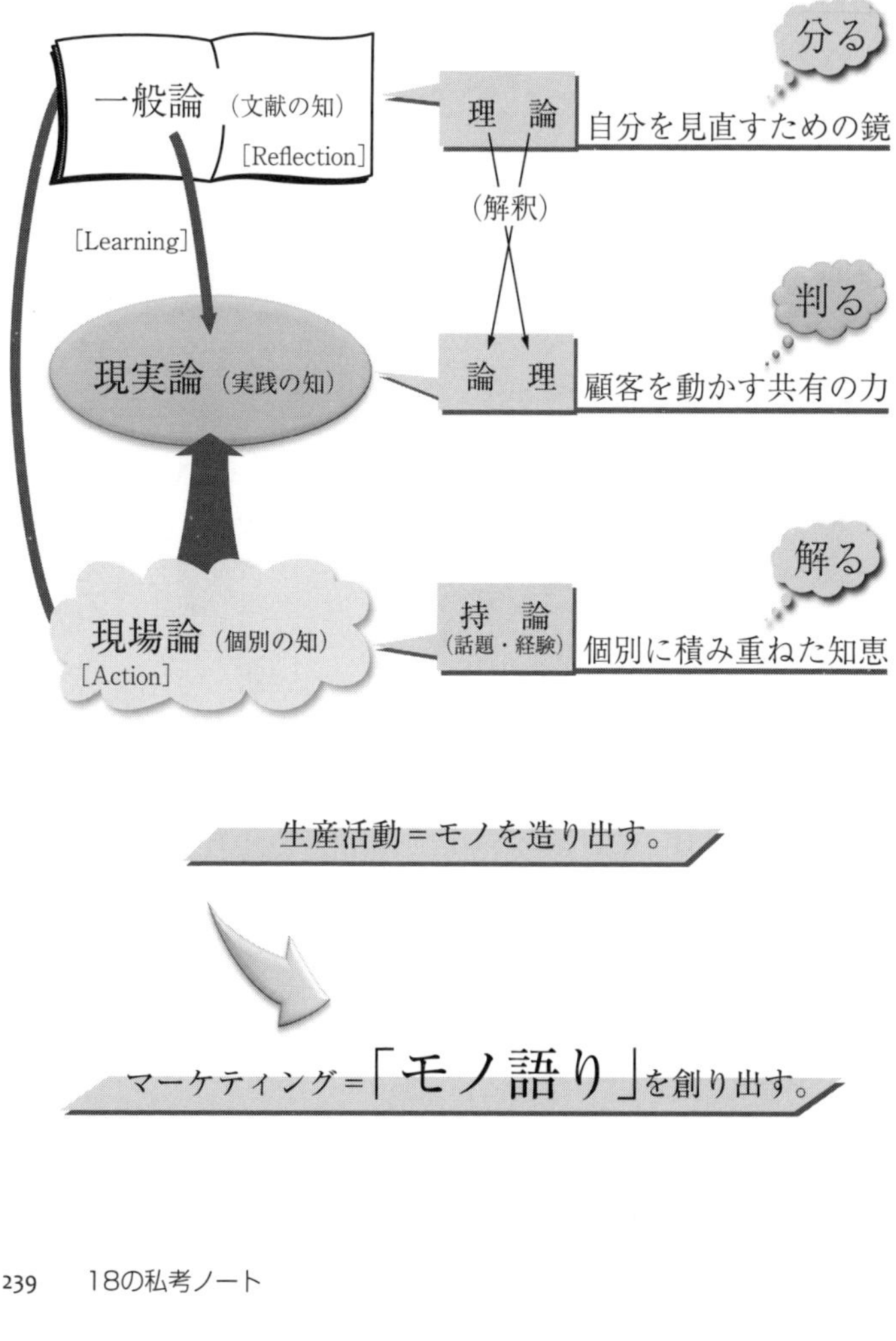

“Solution”の思考プロセスを考える

ソリューション・ビジネスに関する議論が活発です。そのまま「課題解決」と訳して使われます。しかし、「課題」とは実行すべきこと（テーマ）を言います。

したがって「課題」は解決するものではありません。重要なことは、現在起きている「問題（現象）」を細かく見て、起きていることの背景は何故かを押さえることです。

「問題」は現在起きている事実。「問題点」は現象が起きる背景や原因を考えること。それらを踏まえて、今後への道筋を設計するのが「課題」です。思考は断片ではなく、プロセスなのです。

私考ノート “Solution”とは「課題解決」ではなく、現状の「問題発見」である。

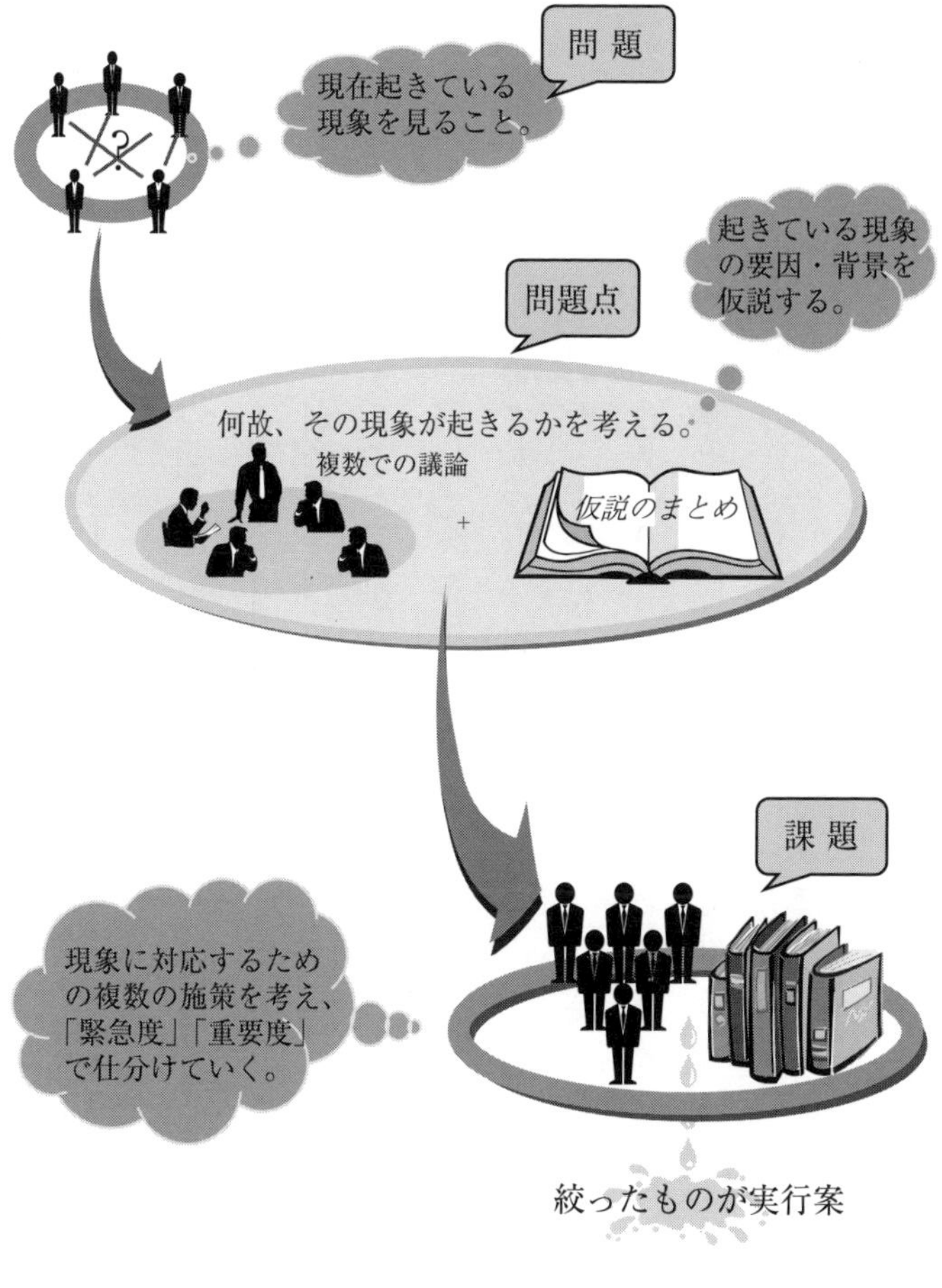
問 題
現在起きている
現象を見ること。
起きている現象
の要因・背景を
仮説する。
問題点
何故、その現象が起きるかを考える。
複数での議論
+
仮説のまとめ
課 題
現象に対応するため
の複数の施策を考え、
「緊急度」「重要度」
で仕分けていく。
絞ったものが実行案

コミュニケーションの円滑化に「話材」は欠かせない

ビジネスにおいて、相手との距離を近づけるためのコミュニケーションは欠かせません。企画提案を考える際にも、多くのメンバーと意志を共有することが必要です。

コミュニケーションは、語り合う主題があって始まります。話し合う「話題」が何かということです。しかし、主題が決まったからといって、会話が促進されるわけではありません。

そのテーマに沿った、説明や伝える力が必要です。現象を読み解く「解析」に続いて、自分なりの「解釈」。そして、説明する「解説」がセットになります。そこで必要なことは、相手に合わせた「話材：話を展開する材料」の豊富さです。

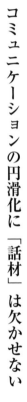

私考ノート「話題」は投げかけ。伝える力は「話材」の豊富さにある。

話題 は、談話の**題材**。

∧

話材 は、解説の**材料**。

コミュニケーションの基本“のう力”は、「解析・解釈・解説」力。

マーケティング思考と実践を他に見立てて考える

マーケティングの基本思考は「相手の喜ぶコトを考え、実践し続けること」にあります。相手は、モノやサービスを購入・使用してくれる「顧客」に限ったものではなく、プロジェクトを共に推進する仲間や外部のパートナーでもあります。

相手は何をしてくれたなら喜ぶのかを考えるためには、相手を細やかに知ることが必要になります。相手を思い遣るためには自分の出来ることを見極めることも必要です。してみると、マーケティングの基本は、「人を思う恋」の道や、「人が生きる」日常の思考にも似ています。

一人ひとりが、マーケティングを何かに見立てて考えると何に行き当たるのかを思うと、発想はさらに広がります。

私考ノート　マーケティングは常に相手を思い遣る思考を持つもの。

マーケティングは・・・、

恋

＊好意を寄せる人に対して、その人のことを知ろうと　する。直接本人に聞けない場合には、関係ある他者から聞き出そうとする(多面的調査)。

＊自分自身の良い点(強み)を知ってもらおうとする(差別的優位性の発信)。

＊お互いの距離を近付けようとする(関係性形成)。

の道

人

＊人は、他者との間(関係)に存在して人間になるという(生命体から人間性へ)。

＊他者との接点を通じて自分自身の未来を夢想する(ヴィジョンの設計)。

＊一人ひとりの個性や価値観によって、選択する商品やサービスの評価は異なる(価値多様)。

の道

＊あなたにとっては・・・、

＊

の道

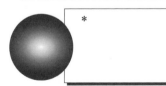

理解を得るように伝える、講師の心得を整理した

マーケティングがビジネス実践において特殊なものではなく、常識的な考えとして浸透してきた今、他者にその基本的な思想や思考手順を説明するためには、心しなければならないことが幾つかあるものです。

自分自身が公開の講座や、企業のワークショップを通じて実感してきたことを整理してみました。

あくまでも個人的な体験をベースにしているので、それぞれの項目全てが一般的にあてはまるものではないと思います。また、研修スタイルの講義よりも、参加メンバーと共に考えを広げることを目的にした機会の方が多い自分の体験は、参考に過ぎないものでもあります。

私考ノート

自己体験をベースにして講師の心得を十訓にした。

予定より５分前に終われ

→プログラムを見ている受講者にとり、終わりの　時間は気になる。５分の延長より、５分の短縮の方が本当のサービス。

小まめに休憩をとれ

→１コマ90分が最長。できればそれ以内に一息入れろ。

５分では休憩にならない

→休憩は10分が原則。受講者のスイッチ転換を考えろ。

板書が語りのリズムをつくる

→レジュメに書いてあることでも、時には板書することが受講者の気づきを促進する。

語りながら書け

→板書する時も語りは止めない。

３秒間のサイレンス

→話に詰まったならば、無理に話をつながず、しばらく黙る。「あ～」「え～」は単なるノイズに過ぎない。

一人に一声

→受講者との距離を縮める基本の姿勢と知れ。

自分ができなかったことを語れ

→講師はスーパーマンではない。駄目を見せるのも芸。

「ダメ生活者」は逆効果

→例えネタであっても、常にスマートな生活者たれ。ダメを演じると駄目を出される。

最後の言葉に気を配れ

→受講者に「ありがとう」の一言を忘れるな。

「清野裕司の体験的独白」

マーケティングの多様な思考と「考動」力を語る

私のオフィスは、若きマーケティング・スタッフの錬成の場とも心得ています。創業時より、ほぼ毎年のように大学生がビジネスの実践を学ぶべく「学生スタッフ」として参画してきました。

数えて４０名近い若きスタッフが巣立って行きました。そして今や５０代で組織の責任ある立場にあるビジネスパーソンや、親子二代にわたる者もいます。

その一人ひとりの活躍を思うと、歩み来たオフィスの歴史を感じます。彼らに語り継いできたことを改めて見直してみました。マーケティング思想の基本は変わらぬものと、改めて知る時でもあります。

私考ノート マーケティング・スタッフを目指す君に贈る言葉は多様。

- 雑事を自ら為す者、自ずと将となる。
- 下らんと思うことを、下らんと思わずにやり遂げるところに真理はある。
- やらなければ始まらない、やらなければ終わらない。
- 「やる」のではなく、「やり遂げる」のがプロである。
- 気を使って、気を使って、気を使って、それでももう一度気を使え。
- 四方八方一六方に気を配れ。
- 街に出たならば、常に看板を見ろ。
- 本当の優しさとは、自分に厳しいことをいう。
- 21世紀は戦略的思考が要求される。
- 知恵に対して積極的に投資をすれば、いつかそれが自分に返ってくる。
- 頭はいつも知恵を待っている。満腹になることはない。
- 「働く」とは、傍を楽にすることをいう。
- 「作業」と「仕事」は異なる。
- 常に構造をみる癖をつけろ。
- 「出来ません」より「やってみます」、「知りません」より「調べてみます」。

マーケティングの実践は「過去を見る眼」より「未来を想う志」が問われる。

戦略は「未来図から現在の引き算」を知る

ビジネスの現場で「戦略」という言葉は、よく聞く言葉の一つです。「何ごとも戦略的に考える」「この企画には戦略性が乏しい」・・・といった表現を何度も耳にした気がします。

ここで使われている「戦略」とは、どのような意味を持っているのでしょうか。「大局的：全体」ということでしょうか、「将来性：長期」ということでしょうか。どちらも正しい感じがします。

戦略思考は、未来を描いて、現状を見直すことが前提です。理想に対する現実のギャップをみるとも解釈できるでしょう。

まだ理想に至っていない不足を充足させるための思考と行動こそが「戦略」なのです。

私考ノート　**未来図から現実を引くと、実行すべきことが見えてくる。**

マーケティング戦略とは・・・「理想とする未来像」を考え、自らが実践すること。

変化する時代を捉えて未来像を考え、「進むべき道」を描く。

夢 − 現実 ＝ 戦略

つまり、***夢の実現に欠けていることへの挑戦が「戦略」である。***

マーケティング眼は3つあることを確認する

マーケティングは、モノ・サービスや人・情報の交感行為に関わっていく動態的なものです。常に変化に対して耳を澄ませておくことも、自分自身のマーケティング・センスを磨くうえでは必要なことです。

その際に心しておかなければならないことは、変化する事象を、どのように見るかということです。一つは、どこに注目しているのかの「視点」。そして、どこまでの領域を見ているのかの「視野」の広がりです。

そして何よりも大切なことは、三つ目の眼。それは、どのような立場で見ているのかということです。企業サイドでしょうか、お客様サイドでしょうか。

マーケティング思考は、「視点／視野／視座」の複合で高まる。

1955年に紹介されたマーケティングの基本思想は、時代を超えて今に生きるビジネスの基本思想。

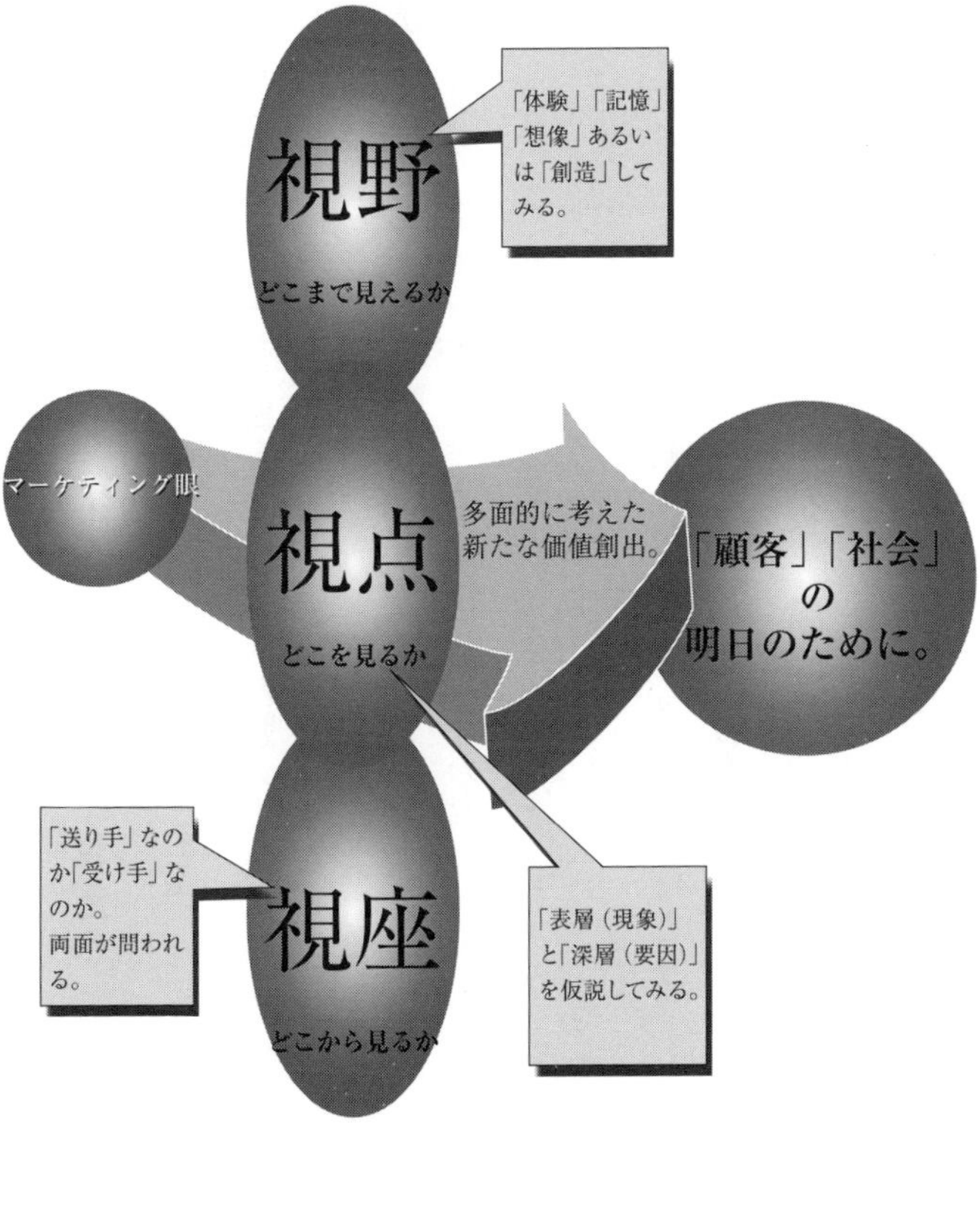

マーケティング・スタッフに求められる力を考える

マーケティング・スタッフは「今」という時に身を置いて、今迄とこれからを考える立場にあります。過去をただ歴史物語として眺めるのではなく、今という時代を通過する背景としてみる見方も必要です。

何となく身の回りに起きていることが、今迄とは違ってきたと感じることも必要でしょう。しかも、その変化は一部のものに過ぎないのか、あるいは未来に向けて大きな潮流になる可能性を秘めているのかを洞察することも求められます。

そのように考えると、どこか難しいことを考えなければならないような印象があるかもしれませんが、難しいことを考えるのではなく、身近にある不思議を考える５つの力だと思います。

私考ノート マーケティング・スタッフが具備すべき力は主に5つある。

①着眼力
「過去」からの流れで「今」を捉え、合わせて「未来」を予見して「今」を見直す。
②構想力
右脳を活用して具体的なシーンを連想し、戦略シナリオを組む。
③構成力
自らの強み／弱みを知り、未来への「必要性・有効性・実現性」を考える。
④実感力
ヒット商品や街・店の現状から、時代が求めている「価値」を考える。

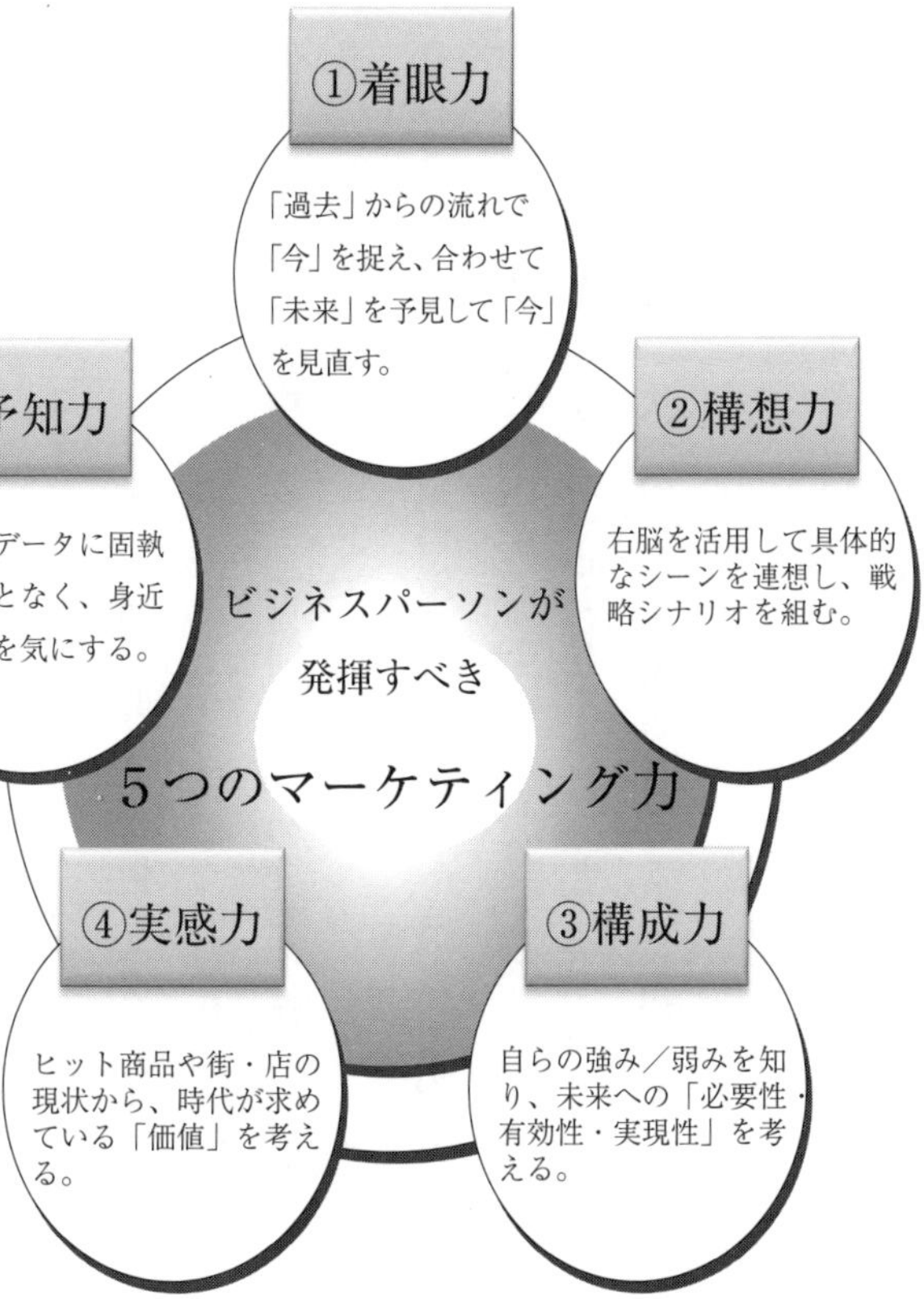
⑤予知力
過去のデータに固執することなく、身近な変化を気にする。

ビジネスパーソンが
発揮すべき
5つのマーケティング力

「問題意識」をもって現場百見が基本の姿勢

マーケティング・スタッフにとって必要な日々の行動は、常に問題意識を持つということです。問題と聞くと、何となくマイナスの要素を探るような印象がありますが、そうではなく、現在の状況に対する「何故？」の質問を繰り返す「自問自答」の姿勢を持つことをいいます。

そして実践は、常に「現場優位」。今何が起きているのかは、聞くだけではなく見ること。見たならば考えること。そして考えたなら、小さなことでも構わないので実行してみること。

実行無くしては、次への答えも結果も見ることが出来ません。

問題意識を持つ＝

“Full－Time Thinking”［顧客思考］

そのための姿勢は、

1．百聞は、一見に如かず。

2．百見は、一考に如かず。

3．百考は、一行に如かず。

4．百行は、一果に如かず。

マーケティング・スタッフは「巧遅」よりも「拙速」に

ＳＮＳの発達や新たな通信メディアの進展は、２１世紀型ビジネスに今まで以上の「速さ」を求めています。

「デキルこと」をすぐにやる。つまり、「即断・即決・即変更で、即実施」が求められているのです。アイデアを思いついても、「そのうちに」といって実施しなければ、何の価値もありません。

仕事の環境や状況は常に動いています。その時々に対応・対処する「実践力」がなければ効果は期待できません。

ビジネス機会の発見と創造には、市場の変化をキャッチアップするマーケティング力の実践が今まで以上に必要な時代なのです。

走りながら考え、考えながら走る

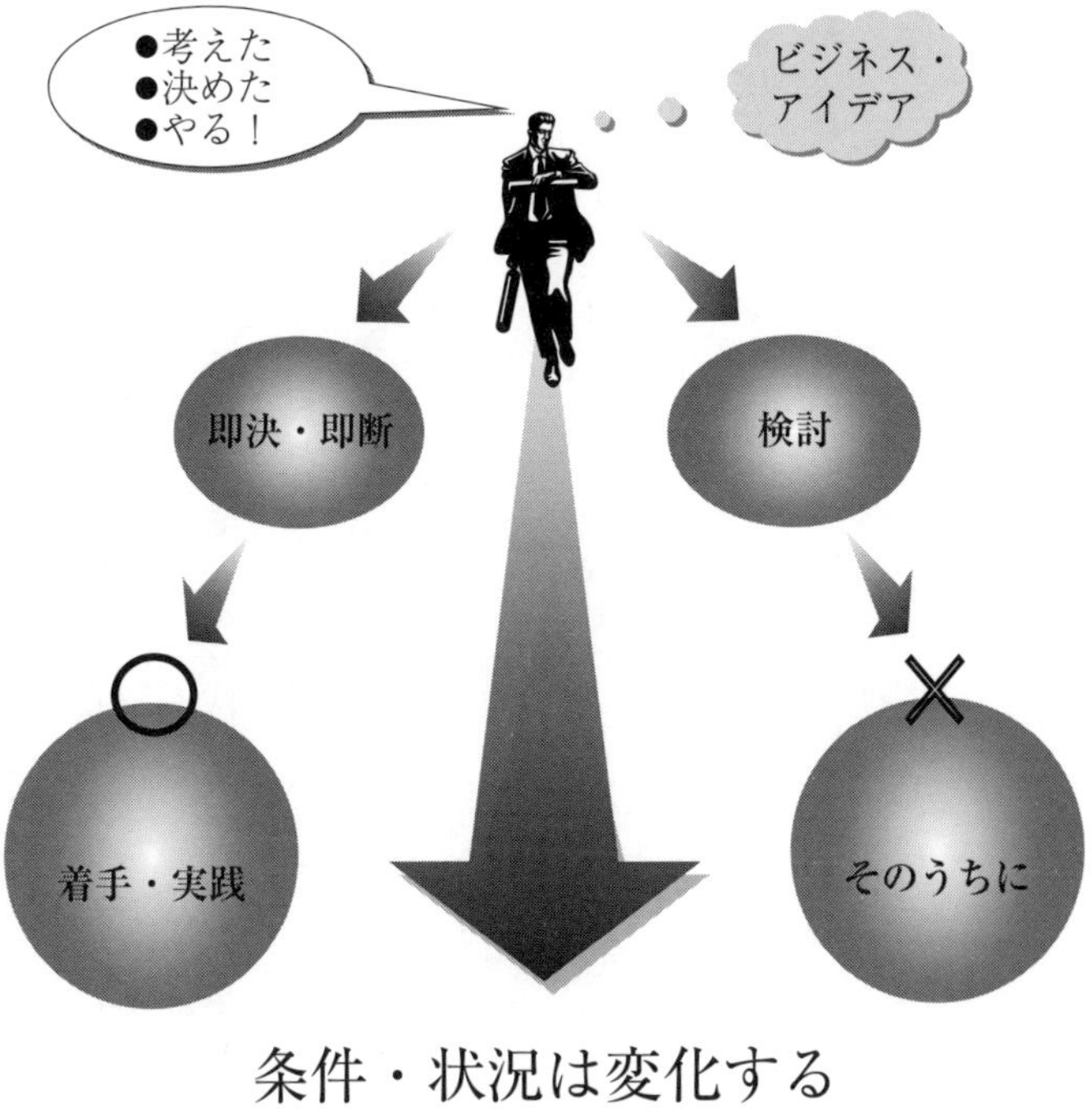

条件・状況は変化する

マーケティングは「思考」と「試行」のバランス

現在は、未来が具体的に見えている時代環境ではありません。見えない未来に、目指すべき目標の旗を立てる時代です。

そのような環境下にあって、マーケティング・スタッフに求められる姿勢は、考えた内容をまずは実行（試行）する行動力にあると指摘出来ます。

実行し、結果を検証する。仮説設計と実行の繰り返しによる未来への行動計画立案が、現在の経営に求められているのです。挑戦する「心」と実行する「志」です。

あなたは今、未来を目指して「動」いていますか？

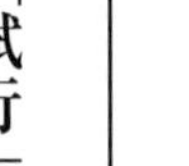

私考ノート　あなたのビジネススタイルは、どちらの「かえる」ですか？

ゆでがえる

ミシガン大学の
経済学者ノエル・
ティシュ氏

動

沸騰したお湯に入れると
飛び跳ねる。

静

水を徐々に温めたお湯。
かえるは12分で死ぬ。

2匹のかえる

P. V. シモノフ氏
の「今日の心理
学より」

動

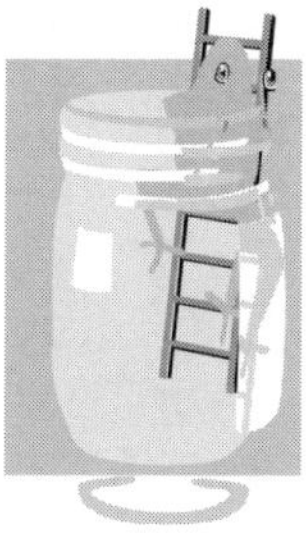

クリームの入ったビンに
落ちもがいているうちに
クリームが固まり外に出
られた。

静

クリームの入ったビンに
落ち状況判断により意味
なしと、もがく努力をせ
ず溺れた。

データベースは顧客が個人的に持っている

顧客の様子を知るためにデータベースの活用が不可欠である」とよく聞くことがあります。一方的に「顧客管理」などという言葉も耳にします。

しかし、顧客は誰一人として管理されたいとは思っていないはずです。自分の裁量で行動を決めているのですから。その際に活用されているのが、一人ひとりが持つ、過去の体験であったり、今現実に起きていることとの情報や風聞などです。

自分自身のデーターベースをフル活用して、自分自身にとって好ましい選択行為をしようとします。

マーケティングは決して買ってもらうことに誘導する行為ではなく、顧客のデータベースをアップデートする活動なのです。

私考ノート　顧客のデータベースを書き換えることがマーケティング。

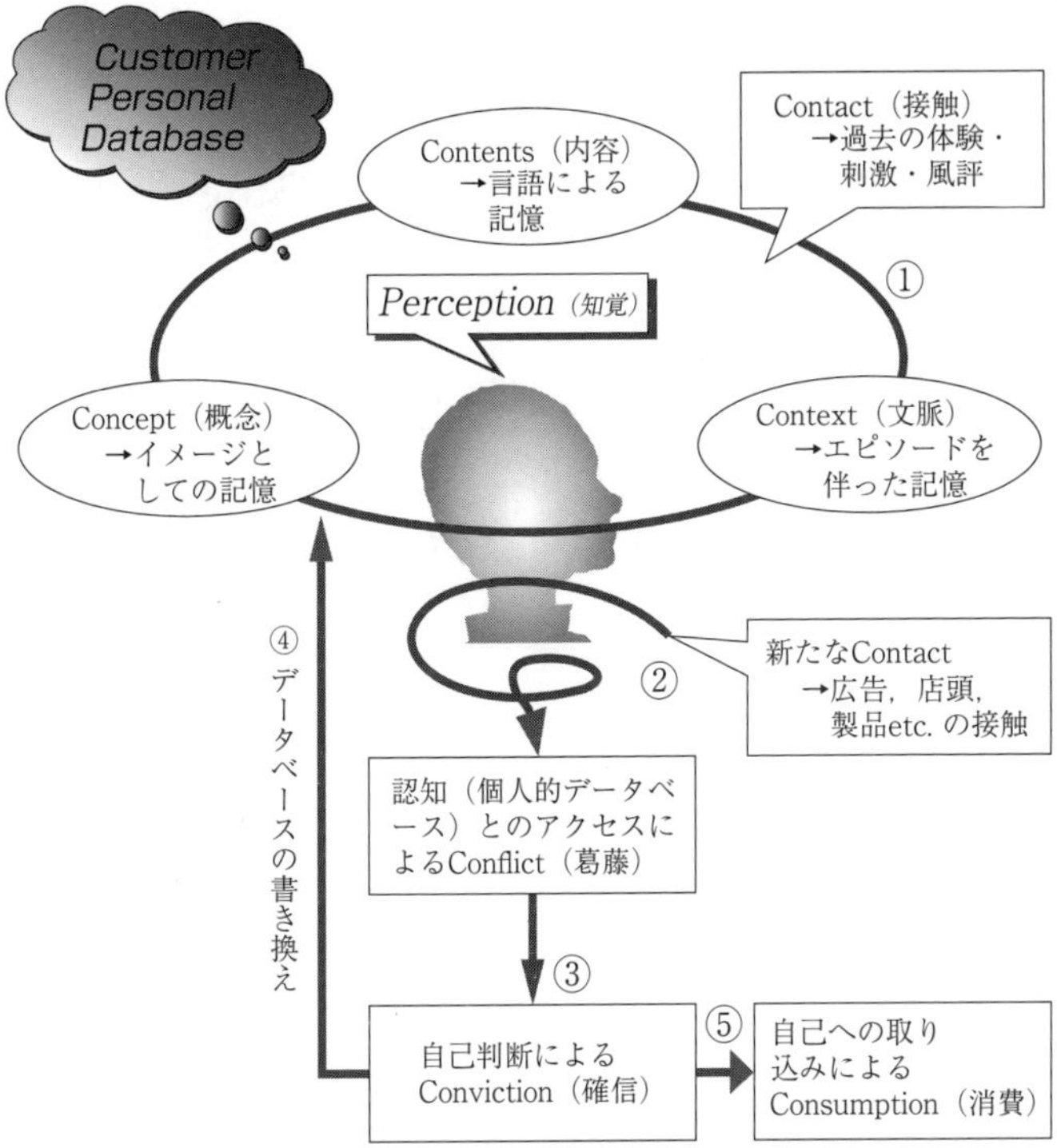

①→②→③→⑤が従来型マーケティング。

①→②→③→④&⑤のプロセス対応もマーケティング。

戦略を考える基本（BASICS）を知る

戦略を考え組み立てるのは、現状を解析することに止まらず、未来への道を描くことが中心です。どうしても一人の発想だけでは、考え自体が狭い領域に止まってしまうことがあり、他者との議論を通じて、視点を多様に持つことが大切です。

その際には、常に「構想」→「構造」→「行動」の連繫を心掛けておかなければなりません。

また、戦略の組み立ての際の基本を押さえているかも見直したいものです。基本はＢＡＳＩＣＳ。頭文字で覚えておくと、自分自身のチェックリストにもなります。

私考ノート 戦略は「構想」→「構造」→「行動」の連繋を考える。

次代の戦略案件を顧客の立場（視座）で「構想」する。
実行主体者（組織）を連想して、戦略「構造」を組み立てる。
誰が実行するのか？
チーム＆グループ討議
気づきを書き残す
実行手順を加えて、戦略テーマが「行動」計画になる。
New Business Development
プレゼンテーション

戦略を考える「BASICS（基本）」要素

1 *Battlefield*
…… 競争の場・戦場をどこに設定するか。

2 *Asset*
…… マーケティング戦略に活かすべき経営資源を見直す。

3 *Strength*
…… 強み・差別化ポインをどこに置くのか。

4 *Insight of Customer*
…… 顧客ターゲットの求めるものに合致しているかを確認する。

5 *Selling Message*
…… 心を揺さぶり、競争に勝つ売り文句を考える。

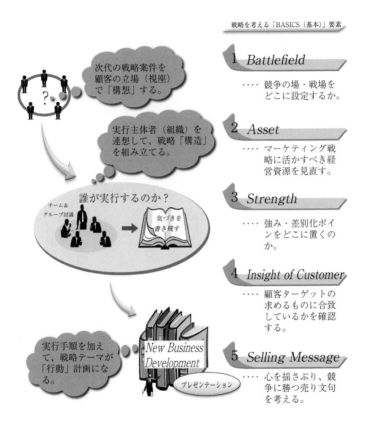

マーケティングは「４Ｋ＋４Ｋ」の継続である。

ビジネスの環境を語る折に「Ｋ」を頭文字にした言葉がよく使われるようです。かつて「きつい」「汚い」「危険」の３Ｋが言われたこともあります。

こうしてみると、マーケティング思考も「Ｋ」で語ることが出来そうです。ビジネス姿勢の基本に「勘／経験／根性／感性」が必要なことは、どのような分野にも当てはまります。ただ、それだけでは不十分。行動が伴わなければなりません。

マーケティングの実践行動では「関係（絆）／気づき（提案）／こだわり（志）」をもって、顧客に「感動」して頂けることが重要です。日々の思考と行動に「Ｋ」が問われているのです。

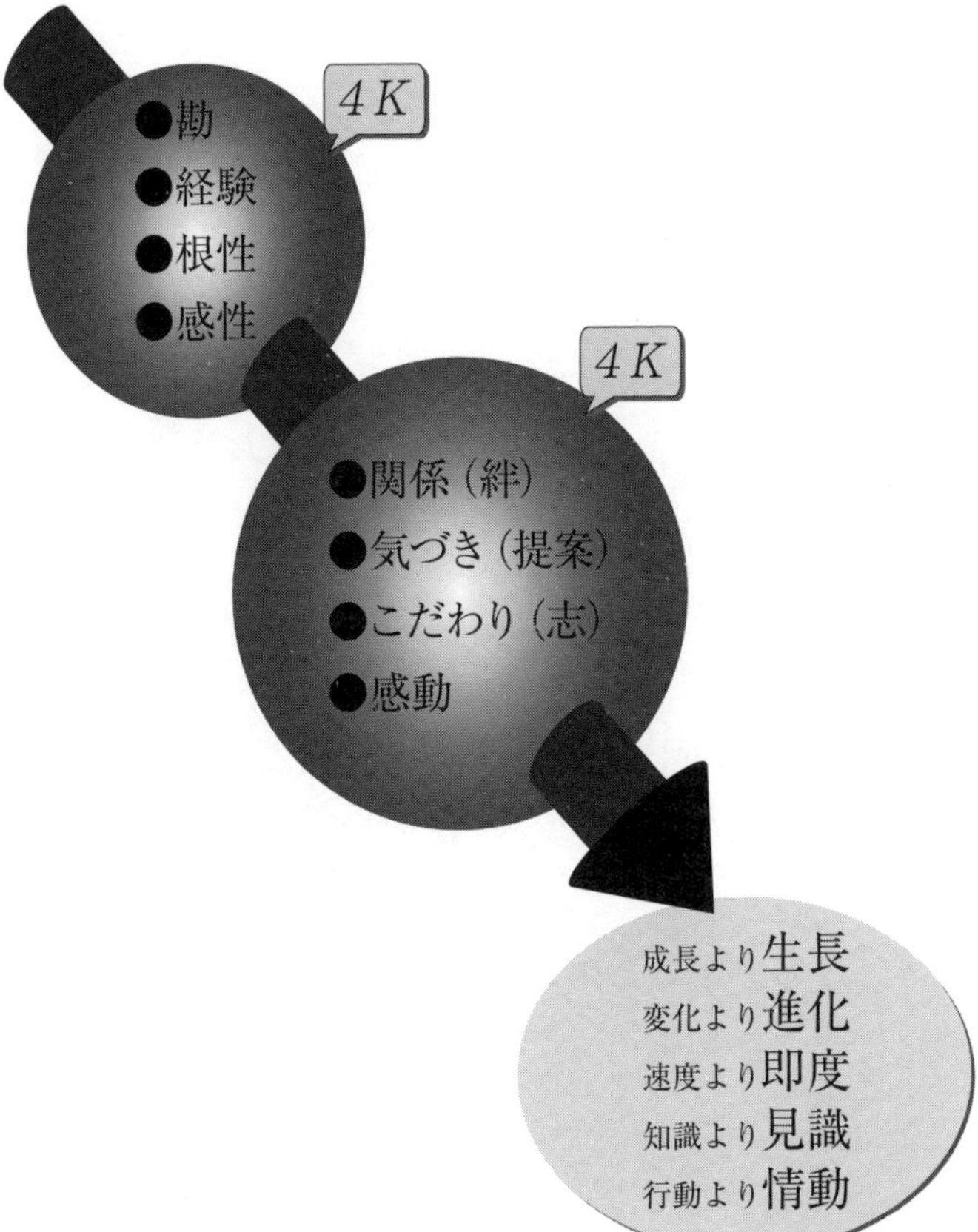

to be continued…

清野裕司のマーケティング考／風を聴く

独白語録

長きにわたってマーケティング・ビジネスに身を置く者として、昔を懐かしむわけではありませんが、「明日は今日より素晴らしい」と信じて眠りについていた60年代の日々から、「明日も今日と同じか?」とある種のあきらめ感を抱いて眠りにつく毎日では、次代を生み出す活力にも大きな違いがあるように思えます。

マーケティングは、過去の事実を説明するための方法論ではありません。これから起きるであろうことを予測して、その先にある現実を手繰り寄せながら今を見直す思考を持つものです。「未知なる未来」を夢物語のようにフィクションに仕立てることでもありません。

予測される近未来を、リアルに描くことです。「既知なる未来」の構想力を持つものといえるでしょう。だからこそ、力強く未来を夢想する、力強いスタッフ活力が必要なのです。

未来の道を描くのは、一人ひとりの気づきの力。

「理論」より「論理」が優位

●経営学やマーケティング論は、市場取引に関する正解を教える学問ではない。自分たちは、どのようなアプローチをすべきか、についてのガイドを示しているものである。

●例えば、P.F.ドラッカーの残した幾つもの名言は、なるほどと思わせる気づきは提供しているが、経営の実践方法を教えているわけではない。

●したがって「〜学」とは、ある決められたフレームワークを提示して、現象を整理したものと捉えることが出来る。どの産業分野においても説明することが出来る理屈である。

●しかし、説明のための理屈を一般的な思考の枠組みとしていくら勉強しても、個別の顧客に個別のサービスで応える者にとっては、さしたる意味を持たない。

●われわれが、持たなければならないのは、ある現象や事実を、自分の言葉で読み解くことの出来る「解釈力」であり「説明力」である。

●説明するためには、自分なりの文脈を考えることが必要であり、それが「論理」である。知識を記憶する学問ではなく、自分の頭で考え、道筋を明示することが重要である。誰でもが理解できるように説明することのできる力こそが、「理論」背景をもった「論理力」である。

答えは一人ひとりの頭の中にある

●1955年にわが国に、経営の思考体系として紹介されたマーケティング。その後の半世紀以上の時の流れの中で、さまざまな理論が紹介されてきた。

●60年代が「販売」重視の、70年代が「調査」重視の、80年代が「広告」重視の企業行動の指針として、マーケティングは取り上げられてきた。

●しかし、90年代初頭のバブル経済崩壊後、企業は試行錯誤を繰り返しながら21世紀を迎えて10年以上が過ぎた今、マーケティングは「顧客」を中心にした経営の指針であることが再確認されるようになってきた。

●その考え方の原点は、顧客にいかに近づくか、そして顧客の声をどこまで細かく聞き取り、その期待に応えるかが基本になってきている。個別の顧客に個別のサービスで応える者にとっては、さしたる意味を持たない。

●ということは、顧客と日常的な接点を持って会話をしている「営業」の持つ役割が従来にも増して重要な位置付けになっていると指摘出来る。

●マーケティング活動の答えは、教科書やコンサルタントが示しているわけではない。一人ひとりの、顧客との関係の深さや思い入れの結果として生まれるものである。

「現場百見」が経営の基本

●市場現場の事実を知らないのでは、市場の変化を自らの事業機会（チャンス）として捉えることが出来なくなる。
●「現場」「現実」「現物」が経営の「3ゲン」主義。これを「原理」「原則」で捉えようとしたのが、経営の一般理論で言われる「5ゲン」主義。
●しかし、われわれが心すべき5ゲンとは、「現在」の経営環境の「現象」を、自分の感性で捉えることに始まる。つまり・・・、「現在」「現象」「現場」「現物」「現実」の5現の視点を持つことである。
●かつて、セブンイレブンCEO（最高経営責任者）であった鈴木敏文氏が言った「店舗は社会に対する偉大なる実験装置である」の指摘も、市場現場で行われる多くの試行錯誤が、企業の成長活力になることを言っている。
●迷ったり、悩んだりした時に、気づきのヒントを与えてくれるのは、交換現場の「市場」である。
●自分の扱っている商品やサービスに関連のある分野だけではなく、広く社会一般に起きている状況を、自分なりに判断することこそが、本人の会話の幅を広げ、ビジネスチャンスを発見するきっかけになる。

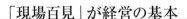

「解説」より「解釈」を大切に

●情報社会といわれる今、さまざまな動きが多様なメディアを通じて発信されている。同一の事実に対しても、さまざまな解釈がなされて発信される。

●そのような状況の中で気をつけなければならないことは、他者が解釈した内容の解説を聞くことで、何となくわかった気になってしまうことである。

●メディアを通じて発信される情報の多くは、あくまでも他者が考えたことであって、事実に対する個人や機関からの説明である。まさに、わかっているつもりになっているに過ぎない。

●「わかる」のレベルも、最初は他者と分ける「分かる」がある。更にその内容までも知ろうとして、分解して細かく理解する「解る」段階になる。思考をそこで止めてはならない。もう一歩を深めて「判る」段階が必要である。自分自身の判断での理解の向上である。

●そのためにも、自分自身が感じた気づきが重要である。自らが判別できることに対しては、個人的な解釈が含まれていると思われる。

●解説文を数多く記憶するのではなく、自分自身の疑問文を数多く持つことが、マーケティングのセンスを高めることに繋がる。そが、「理論」背景をもった「論理力」である。

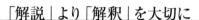

独白語録：05

気づいて動くことが「実効」力

●学習するマインドは、知ること、考えること、置き換えること、真似すること・・・と幅広く広がっていく。与えられたものを、与えられた通りに実行するだけではなく、次の段階に向けた方法を自らが考え、生み出し、合意を形成すること。

●そして、合意されたことを皆で実行し、結果を検証する。仮説設計と実行の繰り返しによる未来への行動計画立案が、現在の経営に求められている。

●そこで必要になるのは、リーダーシップである。リーダーシップとは「組織全体あるいは組織の部門のリーダーが発揮する機能、果たす役割である。「指導力」「統率力」とみるよりも、「指導者精神」とみる方が適する。」（伊丹敬之）

●現在は、未来が具体的に見えている時代環境ではない。見えない未来に、目指すべき目標の旗を立てる時代である。

●そのような環境下にあって、マーケティングを学んだメンバーに求められる姿勢は、考えた内容を実行する行動力にあると指摘出来る。

●優秀なリーダーとは、「自分たちのやるべきことを、愚直に、真面目に自分たちの頭できちんと考え抜き、情熱をもって取り組んでいる人」（「日本の優秀企業研究」新原浩朗を参照）である。

「学ぶ」ことは「気づく」こと

●学ぶ機会は多くある。しかし、そのプロセスを通じて学んだことを、自らの力に転換していくのは、一人ひとりの心と行動が決める。

●体験として、「学習会」「研修会」「研究ワークショップ」等を通じて思う要点は、次にある7つにあると思う。

要点①：「習う」姿勢ではなく、自ら「学ぶ」姿勢をもつ。
要点②：自分自身の発言が交流・交換・交感の始まり。
要点③：学ぶ仲間は自らのビジネスの輪を広げる。
要点④：ビジネス上の悩みも皆で考えると出口が見える。
要点⑤：現場を語り合い、現場での知恵を高める。
要点⑥：理論を知ることで、自らの論理（説明）力を高める。
要点⑦：小さな「気づき」が、自己革新のきっかけになる

●おわりに

「考える」ことを続けて・・・

私自身がマーケティングに出たったのが大学生の時。以来多くの時が流れました。時流れ、年巡り、当たり前に歳を重ねて今を迎えています。その日々の暮らしの中で感じたり気づいたことが幾重にも重なって、自分の思考の幅は広がっていくものだと思います。思いついたことや気づいたことをメモにして書き残していると、自分の思考の広がりや解釈が変わっていく様子を実感するものです。何も感じることなく時の流れに身を任せていたのでは、自分の身の回りの変化も変化として感じないままになってしまいます。

「なぜこのような現象が起きるのか」「どうして、街の動きがこのように変わるのか」といったことを自分なりに考えていると、私見に過ぎませんが一つの解が見えてきます。「私考ノート13」にも記述しましたが、考え続けること（Full-Time-Thinking）は、日常の問題意識を持つことでもあります。そのような自分の日常の考えを１０８の論考に整理したのが本書です。それぞれの考え方は、今、そしてこれからマーケティングを実践するビジネスパーソンの思考の回路に近いものもあれば、全く異なる視点もあると思います。

個人的な思考は、あくまでも一つの考え方にすぎません。しかし、他者と議論をするきっかけになるものです。ある現象に対する解釈も、今ここに100人のスタッフがいれば100種類の解釈がある筈です。それぞれをぶつけ合っていくと、自分が今まで承知していなかったものの見方も生まれてくるものです。

現在の学校での教育は、「覚える」ことが重視されているように思えます。覚えたならば、その内容を「思い出しやすく」するための方法が考えられます。その昔、歴史年表を語呂合わせで覚えたことなどが思い出されます。しかし、ビジネスを展開していて感じることは、「覚える」ことの重要性ではなく「思いつく」ことの大切さです。与えられたことを知ることは必要なことですが、それだけで次に行うべき手が生み出されるものではありません。プラスして「気づき」があるかどうかが求められるのです。

このような考えをもって日常を過ごすようになったきっかけは、大学生の折に出逢ったマーケティングの思考であったと思います。2015年に異界に旅立たれてしまいましたが、私の恩師である故村田昭治慶應義塾大学名誉教授との出会いがきっかけです。「日々感動のある時を刻むように」と、常に刺激を受け続けました。

マーケティング・スタッフの機能を外部化したビジネス・サービスの提供を主業務とする株式会社マップス。私にとっては、ビジネスライフでの書斎であり、また自らの知を深めるべく多くの方々と語り合うサロンでもあります。そこで共にプロジェクトを展開する小林泰子さんをはじめ、学生も加えたスタッフとの会話。多くの企業研修会やワークショップで出会うスタッフの方々との議論。オフィスで外部の方々も交えて展開している「寺子屋」でのディスカッション。そして本書のタイトルでもある「風を聴く」をコラムとして掲出頂いている「ザ・九州特区」のWeb。そのそれぞれの機会は、「知識」の交流であり、「情報」の交換、そして「意志」の交感でもあります。

一人の生活者でありながら日常の時は、どうしても思考の回路はビジネスの立場で考えています。その思考回路を暮らしの視座に転換してくれるのが、妻陽子との日々です。生活者視点の基本をいつもガイドしてくれています。そして、学ぶことの楽しさを知る機会を無条件で提供してくれた両親。今ある自分を思う時、表わす言葉を持ち得ない感謝の気持ちが広がります。

個々に整理した「108話の私論」「18篇の私考ノート」「6つの語録」。そのいくつかが、次代を創り行くマーケティング・スタッフの思考回路を刺激するものであったとすれば幸いです。

また、思考のプロセスにあって、疑問点や反論があった場合には、左記オフィスへの連絡を頂きたいと思います。変わることなく頭に汗して、次代を描き、新たなビジネスのフィールドを拓いて行きたいと、今も思う日々です。

清野　裕司
株式会社マップス
〒102-0083　東京都千代田区麹町４－３・４F
Tel: 03-5226-0111/Fax: 03-5226-0113
E-mail: seino@mapscom.co.jp
URL: http://www.mapscom.co.jp

Memo.

あなたに聴こえる風の音をメモして下さい。

株式会社マップス
〒102－0083　東京都千代田区麹町４－３紅谷ビル４F
Tel：03－5226－0111/Fax：03－5226－0113
E－mail：seino@mapscom.co.jp
URL：http://www.mapscom.co.jp

著（訳）書

「寺子屋式手習いマーケティング」　2013年12月／泉文堂
「市場を拓くマーケティング・エクササイズ」　2008年10月／生産性出版
「スーツを脱いだマーケティング」　2006年12月／泉文堂
「主観マーケティング」　2001年４月／泉文堂
「マーケティング発想力のつく本」　1994年９月／泉文堂
「知的腕力によるマーケティング・プレゼンテーション」　1991年１月／泉文堂
「究極のＣＩ戦略」　1988年５月／泉文堂
「ビジネス参謀のパソコン活用法」　1981年11月／泉文堂
「現代マーケティング論」（共訳）　1973年12月／有斐閣

マーケティングは「縁の連鎖」をつくることだと思います。

清野裕司（せいのゆうじ）

1947年　香川県高松市生まれ。５歳から東京
1970年　慶應義塾大学商学部卒業マーケティングを専攻
同　年　キョーリン製薬㈱入社（マーケティング室）
1973年　三井物産㈱食品部食糧総括室入社
　　　　外食産業のマーケティングを担当
1976年　十和㈱［現㈱アスティ］入社
　　　　マーケティング部，販売促進部
1981年　㈱マップス創設
　　　　現在、同社の代表取締役

※業種業界を超えたマーケティング・プランナーとして、3,000種類のプロジェクト実績。

セミナー関連

＊(公財) 日本生産性本部
「経営コンサルタント養成講座」「九州生産性大学経営講座」
「経営アカデミー：技術経営コース」
「企画＆プレゼン力強化コース」
＊(公社) 日本マーケティング協会
「マーケティング・プランニング実践講座」
「マーケティングマスター・コース」
＊日本経営者協議会
「経営情報管理」「経営情報体系とコントロール」
＊(社) 日本経営協会
「マーケティング・スタッフ養成」
「新任企画スタッフ・仕事の基本」
＊(財) 石川県産業創出支援機構
「あきんどサークル」「ＳＯＨＯワークショップ」
「ビジネススキル養成講座
＊鳥取県中堅企業リーダー育成
＊法政大学キャリアデザイン学部／エクステンション・カレッジ
＊パテント大学「ナレッジＭＢＡ」スクール

清野裕司のマーケティング考

風を聴く

2016年12月1日　初版第1刷発行

著　者　清野　裕司
発行者　大坪　克行
発行所　株式会社　泉　文　堂
〒161－0033　東京都新宿区下落合1－2－16
電話 03(3951)9610　FAX 03(3951)6830

印刷所　有限会社 山吹印刷所
製本所　牧製本印刷株式会社

ISBN 978－4－7930－0397－4　C3034